J'ARRÊTE ENFIN DE FUMER, FACILEMENT ET POUR DE BON !

Éditions Eyrolles
61, bd Saint-Germain
75240 Paris Cedex 05
www.editions-eyrolles.com

La collection « J'arrête de… » est dirigée par Anne Ghesquière, fondatrice du magazine FemininBio et du podcast Métamorphose.

Dans la même collection :

J'arrête de stresser !, Patrick Amar et Silvia André
J'arrête d'avoir peur !, Marie-France et Emmanuel Ballet de Coquereaumont
J'arrête d'être mal dans mon couple !, Marie-France et Emmanuel Ballet de Coquereaumont
J'arrête de procrastiner !, Diane Ballonad Rolland
J'arrête les relations toxiques !, Marion Blique
J'arrête de tourner en rond, Nadège Brion
J'arrête de (me) juger !, Olivier Clerc
J'arrête de me gâcher la vie !, Claire de Buttet
J'arrête d'être jaloux(se) !, Bernard Geberowicz
J'arrête d'être parfaite, Cindy Ghys
J'arrête la malbouffe !, Marion Kaplan
J'arrête de surconsommer !, Marie Lefèvre et Herveline Verbeken
J'arrête d'être hyperconnecté !, Catherine Lejealle
J'arrête de râler ! L'intégrale, Christine Lewicki
J'arrête de râler sur mes enfants (et mon conjoint) !, Christine Lewicki et Florence Leroy
J'arrête de râler au boulot !, Christine Lewicki et Emmanuelle Nave
J'arrête d'être addict !, Olivier Lockert et Gérard Cervi
J'arrête de renoncer à mes rêves !, Delphine Luginbuhl et Aurélie Pennel
J'arrête de ramollir !, Barbara Meyer
J'arrête d'être débordée !, Barbara Meyer et Isabelle Neveux
J'arrête de me trouver nul(le) !, Clotilde Poivilliers
J'arrête de m'épuiser !, Marlène Schiappa et Cédric Bruguière
J'arrête de subir mon passé !, Céline Tadiotto
J'arrête le superflu !, Joanne Tatham
J'arrête de vivre à Paris !, Muriel Ighmouracène
J'arrête de vivre dans le désordre !, Caroline S. Gleizes

Illustrations originales pour les ouvertures de parties : Aurore Petit

Crédits iconographiques Shutterstock : p. 14 et p. 112 © popicon ; p. 72 © Sararoom Design ; p. 86 © Wowsome ; p. 124 © tatianasun ; p. 145 © Aleutie ; picto carnet © sinoptic ; picto ampoule © filborg.

Création de maquette : Hung Ho Thanh

Mise en page : STDI

ISBN : 978-2-416-00065-2

Alice Denoize

J'ARRÊTE ENFIN DE FUMER, FACILEMENT ET POUR DE BON !

21 jours pour avoir le déclic

Éditions
EYROLLES

Sommaire

Remerciements

Merci à Anne Ghesquière de m'avoir trouvée (!) et de m'avoir proposé ce projet rêvé de livre. Merci à toute l'équipe Eyrolles et tout particulièrement à Joanne Mirailles pour son accueil chaleureux. Merci également à Suzie Desmet et Samira Benmahiddine, naturopathes, qui m'ont aidée à être la plus précise possible sur tout ce qui touchait aux méthodes naturelles et à l'alimentation. Et surtout, surtout, merci à ma team rapprochée ! Mon mari, mon *sparing-partner* qui a toujours soutenu ma reconversion et qui partage ma vie d'entrepreneuse haute en couleurs, mes parents évidemment pour leur soutien et leurs conseils et tous ceux avec qui je travaille tous les jours et qui me donnent la possibilité de rencontrer de nouveaux fumeurs.

« Ce n'est pas parce que les choses sont difficiles que nous n'osons pas, c'est parce que nous n'osons pas qu'elles sont difficiles. »

— **Sénèque**

Introduction

Ce livre n'a pas pour vocation de vous faire la morale ou de vous faire peur. Fumer est mauvais pour la santé (ce n'est plus une nouvelle depuis longtemps !) et s'il suffisait de le savoir pour arrêter, vous ne seriez pas en train de lire ce livre aujourd'hui.

En réalité, arrêter de fumer est un processus complexe et s'il est difficile de vous défaire de votre cigarette, c'est parce que c'est une drogue dont vous êtes dépendant. Mais ça n'est pas chose impossible ! Bien au contraire. Et ce livre va vous expliquer comment vous y prendre.

Une recette magique existe et elle tient en trois mots : patience, bienveillance et préparation. Car oui, VOUS êtes le magicien de votre arrêt du tabac !

Vous verrez qu'il y a des étapes à suivre, simples, qui, si vous les respectez, vous permettront d'arrêter de fumer dans le confort et de façon définitive. Ce livre vous donnera toutes les clés nécessaires. Vous y trouverez un plan d'attaque en 21 étapes, des témoignages, des astuces, ainsi qu'un outil pour vous aider à mettre toutes les chances de votre côté et redevenir libre pour de bon !

Aider les personnes à arrêter de fumer, c'est un sujet qui m'est cher. Pas seulement parce que je suis tabacologue mais parce que j'ai moi-même entretenu une longue relation d'amour/haine avec le tabac.

Comme beaucoup de personnes, j'ai grandi dans les volutes de fumée. Autres temps, autres mœurs ! Ma mère fumait énormément, tout le temps : à la maison, pendant les repas, dans la voiture (mon dieu, les trajets en voiture… dans tous les cas on en sortait malade, à cause de la fumée ou de la fenêtre ouverte !). Pour vous dire à quel point le tabac faisait partie du décor : un des premiers mots que j'ai lu seule était Marlboro, écrit sur un cendrier à la maison. Je me revois même tirer sur la cigarette que ma mère me demandait d'aller écraser pour elle. J'avais 6 ans. Comment résister ? Cette cigarette était tellement intrigante. Et interdite...

Quand j'avais 11 ans, ma meilleure amie et moi avons décidé qu'il était temps de fumer (!). Il nous aura fallu de nombreuses tentatives pour ne plus tousser ou être écœurées et enfin devenir de « vraies » fumeuses.

Les cigarettes occasionnelles ont rapidement été allumées tous les jours : à la sortie des cours, puis à midi, ensuite avant de me coucher (scotchée à la fenêtre de ma chambre pour que mes parents ne sentent pas le tabac froid), et enfin le matin avec mon café. Ensuite, le stress des études est arrivé et cette cigarette est devenue une sorte de doudou réconfortant. L'occasion de me mettre dans ma bulle et de déconnecter. Je ne me rendais pas compte qu'à mon tour, je m'étais mise à fumer tout le temps et partout. À 20 ans, je fumais un paquet de cigarettes par jour.

À 25 ans, j'ai reçu le coup de téléphone d'une très grande agence de communication qui recherchait un chef de projet pour travailler sur un budget « international, à 360 degrés, doté d'un budget conséquent ». Il s'agissait, et je ne l'ai su que le jour de l'entretien, d'une marque vieillotte de cigarettes destinées aux femmes qu'il fallait « transformer en Chanel ». Ça promettait d'être premium, marrant, bien payé et très instructif. J'y suis donc allée tête baissée. Il faut dire qu'étant fumeuse, je ne voyais pas le mal à travailler pour l'industrie du tabac. Et je ne l'ai pas regretté... au début. Car rapidement, j'ai commencé à voir l'envers du décor, ce qui se cachait derrière les paillettes, comme par exemple le fait que mes clients s'interdisent de nous offrir des cigarettes ou bien encore le fait qu'aucun d'eux ne fume. Des petites phrases entendues par-ci par-là ont fini par éveiller mes soupçons : « Comment voulez-vous que l'on mette la liste de tous les composés chimiques sur un paquet de cigarettes ? C'est impossible ! (rires) », ou à propos des cigarettes sans additifs dont nous préparions le lancement : « Tu sais Alice, c'est du bidon cette histoire de "sans additifs". Les produits nocifs sont toujours là. Donc évite de les fumer, ok ? » Mon histoire d'amour avec la cigarette commençait à battre de l'aile…

En 2008, ma grand-mère a déclaré un cancer du poumon. Elle fumait depuis très longtemps des cigarettes ultra lights. Sans doute pensait-elle qu'elles seraient moins dangereuses ? Elle est partie très vite car, à 85 ans, elle ne voulait pas avoir à supporter les effets secondaires des traitements. Cet événement a été mon déclic. Non pas parce que j'ai perdu ma grand-mère, c'est malheureusement dans l'ordre des choses, mais parce que j'ai réalisé à quoi ressemblait un cancer du poumon et ce que voulait dire « mourir du tabac ». J'ai aussi pris conscience que le chemin qui se dessinait devant moi n'était pas très gai et que je risquais fort de mourir de cette façon si je continuais à fumer (j'avais lentement mais sûrement augmenté ma consommation et j'en étais à une trentaine de cigarettes par jour).

En 2009, un mois après la mort de ma grand-mère, j'arrêtai de fumer avec des patchs. Je savais au fond de moi que la rupture était définitive. Contre toute attente, cet arrêt n'a pas été un cauchemar comme je l'imaginais, ni un deuil. Au contraire. J'ai vécu une véritable renaissance et j'ai ressenti d'incroyables sentiments positifs : la fierté, la liberté, la confiance en moi, l'énergie et l'impression de pouvoir déplacer des montagnes.

Plus tard, faute de ne pouvoir sortir des comptes « tabac » de mon agence, je démissionnai. Il fallait que je trouve un moyen de me réaligner avec mes valeurs que j'avais tant piétinées. C'est ainsi que, en 2015, j'ai commencé à opérer ma reconversion. J'avais expérimenté que l'on pouvait arrêter le tabac dans le confort, alors je voulais absolument comprendre comment cela fonctionnait pour pouvoir donner aux fumeurs les clés qui leur permettraient d'y parvenir à leur tour. J'ai créé le site Internet *le Déclic Anti Clope* et j'ai obtenu le diplôme de tabacologue en 2018. Aujourd'hui, j'accompagne les fumeurs vers la liberté, en toute bienveillance et sans jugement.

Avec ma méthode, vous ne vous sentirez jamais découragé, stressé ou en manque. Vous arrêterez de fumer en suivant des étapes très claires, à votre rythme et avec une stratégie qui correspond à la relation unique que vous entretenez avec la cigarette. Nous passerons en revue les craintes les plus courantes comme la prise de poids, l'irritabilité, le manque, la perte d'une béquille, et vous découvrirez qu'il y a des solutions pour chacune d'elles. Nous ferons également des zooms sur des cas particuliers (comme la grossesse) pour que chacun de vous obtienne les réponses qu'il recherche. Bref, tout sera très concret et vous terminerez ce livre rassuré, confiant et prêt à vous envoler vers la liberté !

Alors je vous souhaite une bonne lecture et vous donne rendez-vous dans 21 jours pour faire le bilan et vous faire mes dernières recommandations avant le début de votre nouvelle vie.

Mon carnet de bord : pour mettre toutes les chances de votre côté lors de votre arrêt du tabac, je vous invite à vous procurer un carnet qui vous accompagnera pendant tout le processus. Avant l'arrêt, il sera le support de vos réflexions, de vos analyses et de vos stratégies ; une fois le pas sauté, il sera votre carnet de gratitude. Rassurez-vous, je vous expliquerai tout en temps et en heure et vous saurez quand vous en servir lorsque vous verrez ce pictogramme.

SEMAINE 1

JE ME MOTIVE

Introduction

J'ARRÊTE ENFIN DE FUMER

Combien de fois avez-vous entendu cette phrase : « Ce n'est qu'une question de volonté », ou pire : « Quand on veut, on peut. » C'est très agaçant, n'est-ce pas ? Comme si le fumeur était un être faible, incapable de prendre la moindre décision... Mais ce que ces personnes ignorent, c'est que **la volonté n'est qu'un starter**, une intention, et qu'il en faut bien plus pour enclencher un mouvement.

Je suis sûre que la liste de vos envies est grande. Dans un monde idéal, peut-être voudriez-vous gagner plus d'argent, exercer un métier à la fois responsabilisant et captivant mais qui vous laisserait le temps d'avoir une vie privée épanouie alliant sorties avec des amis, cours de yoga et sortie d'école, peut-être même parfois aimeriez-vous que vos enfants soient autonomes et qu'ils se préparent leurs repas seuls alors qu'ils n'ont que 2 et 5 ans ? Est-ce que toutes ces envies sont réalistes et réalisables ? Non, pas toutes. Et ce n'est pas parce qu'elles sont sur la liste de vos souhaits que cela va y changer quelque chose. Pour agir et se mettre en marche vers la réalisation de nos résolutions, il faut savoir où aller (c'est votre volonté qui vous montre le chemin) et ensuite être motivé pour faire le premier pas et les suivants. Et ça, ça n'a rien à voir !

Des chercheurs ont théorisé la motivation et, selon eux, trois questions la résument :

- Qu'est-ce que je veux faire ? (C'est la fameuse volonté dont on parlait, le cap que vous donnez.)
- Pourquoi je veux le faire ?
- Comment je vais le faire ?

C'est en réfléchissant à ces trois points que nous commencerons votre préparation à l'arrêt du tabac. Mais avant cela, penchons-nous un peu sur ce concept de motivation pour vous aider à mieux le comprendre et donc à mieux la trouver.

JOUR 1

Je visualise le chemin que je vais devoir emprunter

La motivation est la colonne vertébrale de votre arrêt du tabac. Sans elle, vous ne serez pas solide et vous risquez de craquer à la première tentation. Pour réussir votre arrêt, il sera donc crucial de la muscler pour qu'elle soit solide comme du béton armé. Imaginez que vous êtes comme un boxeur qui se prépare à un combat. Rocky, c'est vous !

Mais la motivation, qu'est-ce que c'est ? La meilleure image qui l'illustre est celle du feu de bois car les étapes à suivre pour en faire un sont assez similaires à celles par lesquelles vous devrez passer pour arrêter de fumer.

Passons-les au crible une à une.

ÉTAPE Nº 1 : LE VOULOIR

Votre feu ne se fera pas par magie, tout comme votre arrêt du tabac. La phase de la volonté est primordiale car c'est elle qui vous indique l'objectif à atteindre. Reste ensuite à enclencher les actions nécessaires pour avancer et parvenir à destination. Le processus sera d'autant plus simple que vous connaîtrez le parcours à suivre, que vous aurez anticipé les embûches et que vous vous serez préparé mentalement. Sans cela, vous avancerez à tâtons, le chemin sera périlleux, il vous fera parfois chuter et, souvent, il vous découragera. On peut tout à fait se lancer de cette façon mais tout le monde n'a pas le tempérament requis : cet angle d'attaque est réservé aux guerriers, aux entrepreneurs qui ont ça dans le sang et qui ont une détermination résistante à toute épreuve. Et je suis certaine que, vous concernant, vous aimeriez que cet arrêt du tabac soit le dernier ! Donc autant prendre le temps de se préparer. D'ailleurs les plus grands explorateurs ne préparent-ils pas leurs expéditions ? Bien sûr que si ! Mike Horn dit même que 90 % de leur succès réside dans la préparation[1]. Alors respirez un grand coup. Je vous promets qu'en suivant toutes les étapes que nous allons passer en revue, le chemin s'éclairera. Prenez le temps de lire ce livre tranquillement et de vous préparer comme il se doit. Vous avez fumé pendant plusieurs années, votre arrêt peut bien attendre 21 jours !

« Méthode infaillible pour arrêter de fumer, même sans volonté ! »

Ne vous laissez pas berner par ce genre d'annonce. Le seul maître à bord, c'est vous ! Et personne ne pourra jamais prendre le contrôle sur votre corps au point de vous faire arrêter un comportement addictif sans que vous le vouliez. La seule magie dans l'arrêt du tabac, encore une fois, c'est vous et votre force intérieure. Vous n'avez pas encore conscience de tout ce que vous êtes capable de faire et c'est en cela qu'arrêter de fumer est une révolution pour beaucoup (et une aubaine pour des praticiens peu scrupuleux). Si vous êtes dans l'urgence d'arrêter de fumer pour des raisons médicales, je vous conseille d'aller voir un tabacologue à l'hôpital.

Et vous, où en êtes-vous ? J'imagine que si vous lisez ce livre, l'envie d'arrêter de fumer est bien là. Alors passons à l'étape 2 !

ÉTAPE Nº 2 : TROUVER DU BON BOIS

Le choix du bois aura un impact majeur sur votre feu et sa longévité. Vous ne pourrez pas, par exemple, allumer de feu avec un

1. Extrait d'une interview de Mike Horn parue sur le webmagazine meltyxtrem.fr

bois trop humide (aussi forte votre volonté de l'allumer soit-elle). Votre feu aura également une durée de vie très limitée si vous optez pour du bois qui se consume trop vite. Pour l'arrêt du tabac, c'est exactement la même chose. Au même titre que du bois brûlera toujours mais qu'il ne vous donnera pas forcément le meilleur résultat, **toutes les raisons d'arrêter de fumer n'auront pas le même potentiel motivant.**

Nous parlerons de tout cela en détail demain, en jour 2. Nous verrons ce qui différencie une excellente raison d'une raison juste satisfaisante (oui, on les gardera toutes, c'est une bonne nouvelle non ?) et je vous aiderai à les identifier. Cette phase est cruciale car elle facilitera grandement votre futur arrêt du tabac.

ÉTAPE Nº 3 : CRÉER UNE STRUCTURE SOLIDE ET HIÉRARCHISÉE

Pour faire un feu, il faut respecter une chronologie stricte : utiliser du bois d'allumage, du petit bois, des bûches et y ajouter, pour finir, une étincelle. Si vous jetez tout en vrac et que vous y mettez le feu, rien ne se passera. Votre volonté aura beau être à son paroxysme, vous évertuer avec votre briquet n'y fera rien : le feu ne démarrera pas. Vous finirez alors découragé, démoralisé et vous jetterez l'éponge, vous disant que le feu de bois n'est définitivement pas fait pour vous.

Ici encore le parallèle avec l'arrêt du tabac est criant. Décider du jour au lendemain d'arrêter de fumer sans avoir respecté et suivi les différentes étapes dans l'ordre recommandé mettra en difficulté votre arrêt. Je peux même vous dire que ça le fera capoter de façon quasi certaine. Vous serez alors découragé, vous vous direz que vous n'êtes pas capable d'arrêter de fumer, que c'est trop compliqué, trop dur. S'installera ensuite une certaine fatalité à continuer ce comportement qui, vous le savez au fond de vous, vous détruit à petit feu. Et votre culpabilité vous grignotera de l'intérieur. Quel dommage ! Car en réalité, je vous le promets, tout se passera très bien si vous respectez les étapes que je vous inviterai à suivre : travail sur les bonnes raisons, balayage des craintes, travail sur votre état d'esprit, analyse de votre relation à la cigarette et choix adapté de méthodes « coup de pouce ».

Oui finalement, arrêter de fumer, c'est aussi une question de rigueur !

ÉTAPE N° 4 : L'ALLUMER

Sans étincelle, pas de feu. Et sans déclic, pas d'arrêt du tabac !

Le déclic est le point de passage entre l'avant et l'après, le moment où la balance motivationnelle bascule du côté de l'arrêt du tabac, celui où l'on passe du stade de fumeur à celui de non-fumeur. Certains mettront du temps à allumer leur feu car ils ne s'estimeront jamais prêts à le faire, par manque de préparation ou par crainte des conséquences de l'allumage. Le fait est : la zone est-elle bien sécurisée ? Quelles conséquences pourrait avoir mon feu ? Y a-t-il un risque ? Tout cela est à anticiper bien entendu. Pour se sentir prêt à passer de l'autre côté, il faut avoir visualisé sa vie future, avoir conscience des moments potentiellement à risque, avoir mis au point des stratégies en amont et anticipé les dommages collatéraux possibles pour y travailler de façon à ce qu'ils ne se produisent pas.

Tout ce chemin parcouru vous donnera la confiance nécessaire et vous fera vous sentir prêt à sauter le pas. Alors le déclic surviendra et vous vous lancerez, naturellement, sereinement et avec curiosité, voire excitation. Une jeune femme que j'ai accompagnée dans sa préparation a témoigné : « C'est la première fois que je n'ai pas peur d'y aller et d'en finir avec la cigarette. » Le déclic c'est ça : ne plus avoir peur de se lancer.

ÉTAPE N° 5 : L'ENTRETENIR

Attention, le chemin ne s'arrête pas à l'étape 4 ! Contrairement à ce que beaucoup trop de personnes pensent, l'arrêt du tabac ne se résume pas à ce moment de bascule entre la vie de fumeur et la vie de non-fumeur. Une fois votre feu allumé, il faudra le surveiller, souffler sur les braises et remettre des bûches. Il en est de même pour votre arrêt du tabac qui ne durera pas si vous n'êtes pas vigilant, conscient des changements positifs qui s'opèrent dans votre vie et concentré sur votre objectif final : la liberté. Pendant au minimum un an, vous serez en train d'arrêter de fumer et je vous recommande de ne pas vous penser comme un non-fumeur avant la fin de cette période (au minimum !).

Vous comprenez maintenant que votre arrêt du tabac ne se fera pas en un claquement de doigts et qu'il va vous demander de l'implication personnelle !

« Moi, j'ai arrêté du jour au lendemain, sans rien, tout est dans la tête. »

Après tout ce que je viens de vous raconter, que penser de ces personnes qui ont arrêté de fumer du jour au lendemain sans aide et, visiblement, sans difficulté ? Rassurez-vous, elles ont suivi le même chemin que vous. Elles l'ont simplement fait de façon inconsciente. Car, en réalité, notre cerveau travaille à 90 % du temps sans que nous nous en rendions compte. C'est cela qui amène ces ex-fumeurs à dire que seule la volonté compte ou qu'ils ont arrêté « d'un coup ».

***

Les étapes à suivre pour arrêter de fumer définitivement

1. Le vouloir.
2. Savoir pourquoi vous le faites et travailler chacune de vos craintes pour les balayer une à une et ne plus avoir peur de vous lancer.
3. Prendre le temps d'analyser les mécanismes qui se cachent derrière chacune de vos cigarettes et choisir les méthodes qui vous correspondent.
4. Vous lancer !
5. Rester vigilant pour tenir.

Cette illustration résume très bien les différentes phases par lesquelles nous passons quand nous voulons changer un comportement. Ce sont les mêmes pour toutes les bonnes résolutions : arrêter de fumer, se (re)mettre au sport, manger plus de légumes, mieux profiter de sa famille, lire davantage...

Toutes les marches ont une importance capitale car, sur chacune d'elles, de nouveaux modes de pensée seront enclenchés : prise de conscience des risques, phase de bataille entre raison et maintien du comportement actuel, recherche d'informations pour balayer ses craintes et mettre au point son *modus operandi*, et, enfin, passage à l'acte.

Chaque marche gravie fera tomber une barrière et chacune d'elles sera cruciale pour que l'on puisse se sentir enfin prêt, capable et en confiance pour atteindre la dernière marche.

Le travail que je vous propose dans la première partie de ce livre vous permettra d'accélérer le processus de maturation de votre motivation et donc de grimper les marches plus vite. Il vous permettra également d'avoir un socle de motivation dur comme de l'ébène.

En suivant pas à pas le parcours, vous serez gagnant : votre arrêt du tabac arrivera plus vite que prévu et sera incroyablement solide ! Tout le monde peut y arriver. Vous aussi. Faites-vous confiance, soyez rigoureux, patient et bienveillant avec vous-même et tout ira bien. Maintenant que tout cela est dit, commençons votre préparation !

JOUR 2
Je fais l'état des lieux de mes bonnes raisons

Maintenant que nous savons que vous voulez arrêter de fumer, posez-vous la deuxième question : « Pourquoi voulez-vous arrêter de fumer ? » Vos bonnes raisons d'arrêter le tabac vont nourrir votre motivation. Elles en seront le ciment. On ne fait pas un feu de bois sans raison : on le fait pour se réchauffer, pour créer une ambiance cocooning lors de longues soirées d'hiver ou bien encore pour faire griller des chamallows avec les enfants. Ce sont ces raisons qui vous donneront l'énergie et la force d'aller chercher du bois, de préparer l'assemblage et d'entretenir le feu. Avec l'arrêt du tabac, c'est la même chose. **Si vous voulez arrêter de fumer, c'est qu'au fond de vous, de façon consciente ou inconsciente, quelque chose vous meut. En d'autres termes : un ou plusieurs éléments rendent le fait de fumer incompatible avec vos objectifs de vie, vos valeurs, vos besoins ou votre vision de l'avenir.** Reste à identifier ces points d'accrochage !

Témoignage de Christophe

7 janvier 2016 – une dernière cigarette et j'arrête ! J'en ai assez de ces cigarettes qui ne me procurent plus aucun plaisir, de ce sale goût dans ma bouche, de cette dépendance qui me coûte, au propre comme au figuré. Et j'ai peur. Peur de cette nouvelle dépendance créée avec ces cigarettes fumées tard le soir et dès le lever le matin. Alors c'est décidé, j'arrête...

Comme je vous le disais hier, toutes les raisons d'arrêter de fumer sont bonnes. Toutes. Mais pour mettre fin à votre relation avec la cigarette pour de bon, il faudra se concentrer sur celles qui permettront à votre feu de durer le plus longtemps possible et ne pas vous contenter de raisons moyennes.

Mais comment faire le tri ? Commencez déjà par bien les formuler : une raison solide ne commencera jamais par : « **Il faut** que j'arrête de fumer, donc... », ou « **Je dois** arrêter de fumer, alors... », mais toujours par « <u>**Je veux**</u> arrêter de fumer parce que... ».

Combien de fois j'entends des fumeurs me dire : « Je dois arrêter de fumer parce que mon médecin me le demande », « je sais qu'il faut arrêter de fumer parce que ce n'est pas bon pour ma santé », « je dois arrêter de fumer parce que mon fils me tanne sur le sujet ». On sait tous que fumer n'est pas raisonnable et qu'il vaudrait mieux arrêter. Tout le monde vous le conseille d'ailleurs : vos paquets de cigarettes, vos médecins, vos parents, vos enfants, votre assureur, vos voisins en terrasse, votre corps... Mais est-ce suffisant ? Non. Vous n'arrêterez pas de fumer de façon définitive si vous le faites dans le seul but de faire plaisir (ou de faire taire) certaines personnes.

L'arrêt du tabac est un acte personnel qui ne peut être dicté par personne d'autre que vous. On sait même que plus on tanne un fumeur pour qu'il arrête le tabac, plus il se braquera et plus il aura tendance à fumer.

Les Harry[2], ces amis qui vous veulent du bien

Y a-t-il des personnes dans votre entourage qui se sont fixé comme mission de vous faire arrêter de fumer et qui ne s'y prennent pas comme vous le souhaiteriez ? Si c'est le cas, je vous invite à lire le cas pratique à la fin du livre. Il vous présentera la communication non violente, un merveilleux outil qui vous aidera à faire passer votre message sans braquer votre interlocuteur et qui vous permettra de désamorcer les conflits.

2. Référence au film : *Harry, un ami qui vous veut du bien.*

Continuons notre réflexion sur vos bonnes raisons. Je vous disais au début de cette journée que si vous envisagiez l'arrêt du tabac, c'était que votre cerveau prenait petit à petit conscience du fait que fumer était incompatible avec vos valeurs, vos besoins, vos objectifs de vie et/ou votre vision de l'avenir. Et ce, sans que vous vous en rendiez forcément compte. Le travail que nous allons faire à présent consistera à mettre en lumière ces dissonances pour faire apparaître vos bonnes raisons.

Pour vous aider, j'ai sélectionné des valeurs/besoins en lien avec l'arrêt du tabac et j'ai imaginé des situations pour les illustrer. Je vous invite à donner une note allant de 0 à 5 à chacune d'elles (5 étant tout à fait vrai et 0 pas du tout vrai). Cela vous aidera à faire ressortir les éléments qui sont vraiment importants à vos yeux. Libre à vous bien évidemment de compléter cette liste en repartant d'autres valeurs/besoins !

Valeur(s)/Besoin(s)	Exemple de situation	Note sur 5
Accomplissement, contentement, confiance en soi	*« J'ai besoin d'être fier de moi. Arrêter de fumer serait une véritable réussite, un succès qui m'apporterait beaucoup de satisfaction ».*	
Affection	*« Mes enfants ne veulent plus que je leur fasse de câlins parce qu'ils disent que je sens mauvais, mais moi je ne peux pas me passer de leurs câlins ! »*	
Changement, défi, performance	*« Dans la vie, il faut que ça bouge, qu'il y ait du challenge. Arrêter de fumer en est un sacré que je suis prêt à relever pour mettre du piment dans ma vie ! »*	
Cohérence	*« Je mange bio, je fais attention aux produits d'hygiène et/ou beauté que j'achète, je fais attention à réduire mes déchets et… je fume. Il y a quelque chose qui cloche. »*	
Convivialité, disponibilité	*« Plus personne ne fume autour de moi et je me retrouve souvent seul sur le balcon avec mes cigarettes alors que tout le monde s'amuse à l'intérieur. Je n'aime pas l'idée de rater des bons moments. »*	
Calme, harmonie, paix	*« À la maison, c'est la guerre. Mon/ma conjoint(e), mes enfants : tout le monde me harcèle pour que j'arrête de fumer. C'est source de tensions et je ne supporte pas ça. »*	

Valeur(s)/Besoin(s)	Exemple de situation	Note sur 5
Bienveillance, bien-être, santé	*« Je sens bien que le tabac me fait du mal, que mon corps souffre. Mais au fond, je veux faire attention à moi et me faire du bien. C'est totalement incompatible avec le fait de fumer. »*	
Beauté, esthétique, fraîcheur	*« Ce teint, ces rides… j'ai l'impression d'avoir dix ans de plus. Et que dire de mes dents et de mes doigts jaunis ? Je n'accepte plus que le tabac porte atteinte à mon apparence. »*	
Courtoisie, discrétion, respect	*« Je sais que je ne sens pas bon quand je viens de fumer une cigarette et même si les personnes que je côtoie ne me le disent pas, je sais bien que ça les dérange. Je ne trouve pas ça poli de leur imposer ça. C'est pire quand je fume près des non-fumeurs. Ça me donne vraiment le sentiment d'être irrespectueux. »*	
Éducation, responsabilité, influence, transmission	*« C'est insupportable de penser que je puisse donner le mauvais exemple à mes enfants et être source de peur et de stress pour eux. »*	
Dynamisme, efficacité, vitalité	*« Fumer me fatigue, j'ai l'impression de ne plus avoir d'énergie. Mais je mène une vie à 200 à l'heure, alors il faut que je sois à 100 % de mes capacités ! »*	
Intelligence, sagesse	*« On sait tous que fumer n'est pas bon pour la santé. Je suis pourtant doué de bon sens, alors pourquoi je continue ? »*	
Indépendance, liberté, maîtrise	*« Je me fais complètement mener par le bout du nez par la cigarette. Je ne supporte plus d'être dépendant à ce produit, je veux reprendre le contrôle ! »*	
Richesse	*« Quand je pense à tout l'argent que je pourrais économiser en arrêtant de fumer, ça m'étourdit. Entre continuer le tabac et partir au soleil l'hiver prochain, il n'y a pas photo. Les bénéfices sur ma santé ne seront pas les mêmes ! »*	
Sérénité, tranquillité	*Fumer est générateur de beaucoup de stress (« quand vais-je pouvoir fumer ma prochaine cigarette ? », « ai-je assez de cigarettes pour la soirée ? ») et de peur (« Je tousse un peu plus que d'habitude en ce moment, c'est bizarre, j'espère que ce n'est rien de grave »). En fait, le tabac c'est une vraie charge mentale !*	
Sexualité	*« Fumer a un impact direct sur ma sexualité et je ne peux pas le tolérer. C'est un plaisir bien trop important pour moi ! »*	

Maintenant, à vous de jouer. À partir des situations auxquelles vous vous identifiez ci-dessus, créez vos bonnes raisons.

Tout en gardant en tête quatre points :

1. **Toutes les raisons sont bonnes :** *« Je veux arrêter de fumer pour ne plus tousser »* est tout aussi valable que *« je veux arrêter de fumer pour m'offrir le dernier manteau de cette marque que j'aime tant »*.
2. **Parfois il suffit de trois bonnes bûches** pour faire un magnifique feu de bois, alors ne paniquez pas si vous ne remplissez que quelques lignes !
3. **Plus le temps passera plus vous aurez de bonnes raisons**, n'hésitez pas à revenir sur cette page pour en noter de nouvelles.
4. Vous voudriez avoir plus de bonnes raisons ? Alors je vous invite à **rechercher de l'information** sur le tabac : pourquoi pas sur mon site Le Déclic Anti Clope ? Dans la catégorie « votre motivation », vous trouverez de nombreux articles qui nourriront votre envie d'arrêter de fumer et qui vous inspireront !

C'est à vous !

Je veux arrêter de fumer parce que ....

Je veux arrêter de fumer parce que ....

Je veux arrêter de fumer parce que ....

Je veux arrêter de fumer parce que ....

Je veux arrêter de fumer parce que ....

Je veux arrêter de fumer parce que ....

La santé : la raison n° 1 pour laquelle vous souhaitez généralement arrêter de fumer

Et pour cause ! Non seulement la cigarette affecte le corps en l'encrassant (goudrons) mais aussi en l'asphyxiant (monoxyde de carbone) et en l'attaquant (tous les irritants contre lesquels il doit se défendre). Dès la première bouffée de tabac, le corps du fumeur est donc en alerte maximale : son cœur bat plus vite pour produire plus de sang neuf chargé en oxygène (donc il se fatigue) et le reste du corps met tous ses soldats en ordre de marche pour expulser les éléments toxiques, nettoyer et réparer les dommages. Tout cela rend le fumeur plus sensible et plus fragile face aux attaques extérieures. Il tombera donc plus facilement malade et guérira moins facilement qu'un non-fumeur. Dans le cas particulier du Covid-19 dont certaines études ont émis l'hypothèse que la nicotine était protectrice, l'OMS a été très claire : « Les fumeurs risquent davantage de contracter une forme sévère du Covid-19 que les non-fumeurs[3]. »

Je vous recommande de noter vos bonnes raisons dans votre carnet de bord mais aussi sur une feuille libre que vous accrocherez chez vous (sur la porte de votre réfrigérateur par exemple). Garder en tête vos motivations vous permettra d'entretenir la flamme !

* * *

Magnifique première étape ! Après ces deux premières journées, vous devez déjà vous sentir plus fort, plus en maîtrise. Et pour cause, le socle de votre arrêt du tabac commence à se solidifier ! Attaquons-nous à présent à ce qui vous freine et à ce qui vous fait peur. Vous allez voir que, très souvent, vous vous faites une montagne de choses qui ne sont pas fondées.

---

3. Source : https://www.who.int/fr/news-room/detail/11-05-2020-who-statement-tobacco-use-and-covid-19

JOUR 3
Je balaie mes craintes

Consciemment ou inconsciemment, ce sont souvent des craintes qui empêchent la balance motivationnelle de basculer du côté de l'arrêt.

Parmi celles le plus souvent entendues, il y a :
- la peur de prendre du poids ;
- la peur d'être irritable ;
- la peur de perdre un outil qui aidait à gérer ses émotions négatives ;
- la peur du vide, de s'ennuyer ;
- la peur d'être isolé socialement ;
- la peur de ne plus avoir de moment à soi, de perdre sa bulle.

Témoignage de Valérie

J'ai fait plusieurs tentatives d'arrêt infructueuses. À chaque fois, je n'avais pas assez de motivation et j'étais écrasée par le poids de mes questions et de mes craintes : comment vais-je faire si je ne fume plus lors de mes soirées entre amis, en vacances, après le déjeuner, à la pause du matin, à celle de l'après-midi, pendant l'apéro, pour faire face aux moments difficiles ? Tous ces bons ou mauvais moments où tu sors systématiquement cette cigarette, toujours aussi bonne et réconfortante...

Ces craintes sont à considérer avec le plus grand intérêt car chacune dit quelque chose de capital sur vous. Un peu comme une émotion qui vous envoie un message. **Il faut donc toutes les lister, les accueillir sans jugement et les analyser.**

Munissez-vous de votre carnet sur lequel vous pourrez noter vos craintes. Prenez le temps d'y réfléchir, laissez-les venir à vous.

Une fois cette liste réalisée, penchez-vous sur chaque ligne et posez-vous deux questions :

1. Cette crainte est-elle raisonnable ?
2. Cette crainte est-elle fondée ?

Ici encore l'analyse pourra prendre un peu de temps. Et rien n'empêche de penser à vos bonnes raisons pendant que vous étudierez vos craintes. Au contraire même, vos réflexions se nourriront l'une l'autre.

Je vais vous aider à faire le point en commençant par reprendre la liste ci-dessus et décortiquer chacun des points.

J'AI PEUR DE PRENDRE DU POIDS

La cigarette est malheureusement l'amie de la ligne et ce pour une raison bien simple : elle augmente notre métabolisme. C'est-à-dire qu'un fumeur assis sur un canapé à côté d'un non-fumeur brûlera plus de calories que son voisin. Incroyable, n'est-ce pas ? Moralité : lorsque vous arrêterez de fumer, votre corps retrouvera un fonctionnement normal et le poids de forme qui va avec. Cela représente un gain de 3 à 4 kilos en moyenne. Oui, en moyenne. Car ces kilos supplémentaires ne sont pas du tout automatiques : un tiers des personnes qui arrêtent le tabac ne prend pas de poids et la moitié prend moins de 3 kilos[4]. À noter également que ces kilos disparaîtront vite pour peu que vous veilliez à avoir une alimentation équilibrée et une activité sportive (même modérée).

---

4. Sources : « Letter to the editor. Smoking cessation and severity of weight gain ». *N Engl J Med* 1991 ; 325 : 517-8 / Bosse R, Garvey AJ, Costa PT Jr. *Predictors of weight change following smoking cessation*. Int J Addict 1980 ; 15 : 969-91.

Les 9 principes d'une alimentation équilibrée

1. Mangez de tout et en quantité adaptée à vos besoins.
2. Mangez lentement et mastiquez (la digestion commence dans la bouche !)
3. Faites trois repas par jour avec, éventuellement, une collation en plus et limitez au maximum les grignotages.
4. Mettez les fruits et les légumes au centre de votre alimentation (5 portions de fruits et légumes par jour) sans oublier les légumineuses qui ont de multiples vertus !
5. Variez vos matières grasses (huile d'olive, de colza, de noix, de lin...).
6. Alternez vos sources de protéines animales et végétales.
7. Buvez suffisamment d'eau (8 verres de 200 ml d'eau par jour, soit 1,5 litre).
8. Limitez au maximum les produits industriels (une belle occasion de vous mettre aux fourneaux).
9. Faites-vous plaisir ! Avec de jolies couleurs dans votre assiette et des plats gourmands.

Il est également possible qu'un des cas de figure suivants se produise :

- **Il se peut d'abord que vous soyez pris de fringales.** C'est un symptôme connu du manque de nicotine. Nous verrons dans la deuxième partie de ce livre qu'il existe des indicateurs qui vous permettront d'anticiper leur potentielle survenue. Si vous êtes dans ce cas, il existe des moyens pour faire en sorte qu'elles n'arrivent pas.
- **Il se peut aussi qu'en arrêtant le tabac, vous ne sachiez plus quoi faire de vos mains, que vous ne sachiez plus comment gérer vos émotions ou comment vous occuper.** Votre cerveau vous invitera alors peut-être à plonger dans votre réfrigérateur pour compenser. Ici encore, c'est une chose que vous pourrez anticiper. Si c'est votre cas, vous verrez qu'il existe des façons d'enrayer ce phénomène.

Conclusion : cette crainte est infondée, et si votre arrêt du tabac se fait dans les règles de l'art vous ne prendrez pas plus de 4 kilos que vous reperdrez d'ici la fin de votre première année sans cigarette.

J'ARRÊTE ENFIN DE FUMER

Les repères concernant l'activité physique

L'OMS (Organisation Mondiale de la Santé) recommande aux personnes entre 18 et 64 ans de faire, par semaine[5] :
- **2 sessions de renforcement musculaire** (minimum 20 minutes) ;
- **2 h 30 d'activités d'endurance d'intensité modérée** ou 1 h 15 minimum d'activité d'endurance d'intensité soutenue réparties sur la semaine par tranches de 10 minutes minimum.

Mon conseil : essayez de ne pas envisager l'activité physique uniquement comme un moyen de sculpter votre corps mais également – et avant tout – comme un outil de bien-être mental. Le sport est générateur de nombreux neurotransmetteurs (dopamine, sérotonine, endomorphines) qui soulageront votre cerveau pendant votre arrêt. Une fois que ce dernier aura intégré le sport à son catalogue officiel des sources de bien-être, vous y retournerez avec plaisir et petit à petit vous sculpterez votre corps. Le cercle vertueux sera alors enclenché !

Voici des exemples d'activités physiques modérées : marcher d'un pas rapide, danser, jardiner, faire le ménage, bricoler, jouer avec des enfants, sortir son animal domestique. Et des exemples d'activités physiques soutenues : courir, faire du vélo à vive allure, faire de l'aérobic, nager rapidement, faire des sports collectifs ou des travaux de force[6].

Pour mettre toutes les chances de votre côté, pourquoi ne pas suivre les conseils de coachs sur Internet ? La coach Lucile Woodward, par exemple, vous propose de nombreuses routines ciblées sur son compte YouTube. Il existe aussi de nombreuses applications pour smartphones qui pourront vous accompagner et vous motiver. Enfin, pourquoi ne pas profiter des économies que vous réaliserez en arrêtant de fumer pour vous offrir les services d'un coach en chair et en os ? De nombreux professionnels proposent leurs services pour des sessions individuelles ou en petit groupe. Passer ces moments avec des ami(e)s ne les rendrait que meilleurs !

5. Source : https://www.who.int/dietphysicalactivity/factsheet_adults/fr/
6. Source : https://www.who.int/dietphysicalactivity/physical_activity_intensity/fr/

J'AI PEUR D'ÊTRE IRRITABLE

Je ne passerai pas par quatre chemins et je vous le promets : en respectant bien les conseils de ce livre et en vous préparant comme il se doit, votre arrêt du tabac ne vous transformera pas en monstre ou en sorcière. Bien au contraire, **vous serez beaucoup plus zen qu'avant !** Les personnes irritables pendant leur arrêt sont des personnes en manque de nicotine, en souffrance. Avec moi, vous arrêterez de fumer dans le confort. Nous reparlerons de tout ça dans le troisième chapitre. Patience !

Conclusion : cette crainte est infondée !

J'AI PEUR DE PERDRE UN OUTIL QUI M'AIDE À GÉRER MON STRESS

Quand je demande aux personnes que j'accompagne si la cigarette les aide dans les moments difficiles, elles répondent presque toutes positivement. C'était mon cas également. En cas de stress ou lorsque j'étais en colère, j'avais besoin de fumer pour faire redescendre la pression. Quand j'étais d'humeur morose ou préoccupée, la cigarette m'accompagnait. Elle était devenue une vraie béquille que je dégainais dans chaque situation problématique.

La première chose à savoir est que la cigarette agit directement sur votre humeur en vous mettant dans un état de manque que vous ne percevez pas nécessairement. Les symptômes de manque suivants parlent d'eux-mêmes : agitation, irritabilité, humeur dépressive, troubles du sommeil, troubles de la concentration. En réalité, **la cigarette est tout l'inverse d'un outil de mieux-être : elle vous met dans un état de mal-être que seule sa consommation peut améliorer.** C'est une drogue. Une fois votre sevrage de nicotine terminé, votre humeur sera beaucoup plus stable et vous serez beaucoup mois réactif aux stimuli extérieurs. À vous sérénité, calme et joie de vivre ! Vous serez sûrement étonné par cet aspect positif de l'arrêt.

Toutefois, même si l'arrêt du tabac réalisé dans de bonnes conditions vous rend moins réactif aux sources de tension extérieures, il ne vous y rendra pas non plus totalement insensible, c'est certain. Des techniques existent pour vous aider à mieux affronter ces situations. Elles sont simples et faciles à mettre en place. Je vous les présenterai dans le courant de la troisième semaine.

Conclusion : cette crainte est infondée. C'est la cigarette qui vous stresse et non l'inverse.

J'AI PEUR DE NE PLUS SAVOIR QUOI FAIRE POUR M'OCCUPER

Il y a peut-être des situations dans lesquelles vous fumez pour vous occuper ou vous donner une contenance : en attendant le bus, un ami, devant un film ou pendant le week-end lorsque le rythme est moins soutenu qu'au travail.

Notons déjà que ces situations d'attente correspondent éventuellement à une envie physique de cigarette. Une fois le sevrage à la nicotine terminé (ou en cours avec de la nicotine de substitution), vous ne ressentirez peut-être tout simplement plus le besoin de fumer dans ces moments puisque vous n'en aurez pas envie.

Si cette envie est purement comportementale, c'est-à-dire qu'elle est uniquement liée à une réflexion interne (*« Je m'ennuie, je dois faire quelque chose pour ne pas avoir l'air étrange, il faut que j'occupe mes mains »*), alors il faudra commencer par réfléchir à cette pensée et l'analyser. Par exemple : *« Est-ce bien raisonnable de tuer le temps en ingérant un produit qui contient 4 800 substances chimiques toxiques (monoxyde de carbone, cadmium, polonium, vinyle, acétone, mercure, goudrons, etc.) ? »* Ensuite, il faudra trouver une autre façon de vous occuper les mains. Et il en existe de nombreuses ! Vous pourrez par exemple lire, jouer avec un objet (comme un rubixcube®), surfer sur votre téléphone, colorier, jouer d'un instrument de musique, cuisiner, fabriquer des objets, coudre, peindre, faire des sudokus ou des mots-croisés, la liste est longue. Fumer pour vous occuper est une mauvaise habitude qu'a prise votre cerveau. Plus vous lui proposerez d'alternatives, plus vite il oubliera l'option cigarette.

Conclusion : cette crainte n'est pas raisonnable.

J'AI PEUR D'ÊTRE ISOLÉ SOCIALEMENT

La cigarette est génératrice de lien social et donne le sentiment qu'il est plus facile de s'intégrer quand on fume que lorsqu'on ne fume pas. Au travail, la cigarette donne l'opportunité de faire une pause pendant laquelle on se présente, on discute, on crée et on renforce des liens.

Depuis que je ne fume plus, je ne fais plus de pause

Il est fréquent à l'arrêt du tabac de limiter les pauses avec ses collègues pour limiter les tentations. C'est compréhensible surtout dans les premiers temps de l'arrêt, mais ça n'est pas viable sur le long-terme. En effet, pour maximiser sa concentration et son bien-être, il est recommandé de faire un break de 10 minutes toutes les 2 heures. Alors, pourquoi ne pas vous rendre dans la salle de pause pour prendre une boisson, confortablement installé avec des collègues non-fumeurs ? Vous pouvez aussi sortir prendre l'air et pourquoi pas faire le tour de votre bâtiment !

La cigarette est aussi créatrice de lien dans le cercle privé. Lors d'un événement, fumer vous donne l'air occupé et donc moins seul. Et si vous voulez nouer le contact avec des gens que vous ne connaissez pas, il vous suffit d'aller dehors, de demander du feu et le tour est joué. Il ne se passe rien d'incroyable là-bas et pourtant, vous avez peur de perdre, en arrêtant de fumer, cette capacité à vous rapprocher des autres et de vous retrouver seul dans le salon à attendre que les fumeurs reviennent. Tout cela était sans doute encore vrai il y a quelques années mais l'est de moins en moins aujourd'hui ! Avec 1,6 million de fumeurs en moins entre 2016 et 2018, les jardins et balcons se sont et vont continuer de se vider fortement. Et c'est en restant fumeur que vous allez vous exclure. Tout le monde sera au chaud en train de rire pendant que vous tirerez sur votre cigarette dans le froid.

Conclusion : ça n'est pas raisonnable.

J'AI PEUR DE NE PLUS AVOIR DE TEMPS POUR MOI

Nous sommes tous surchargés et peinons à trouver du temps pour faire une pause, ne serait-ce que trois minutes. Fumer donne cette opportunité.

Il est acquis que la cigarette est une drogue et que l'on fume pour soulager un besoin. Donc, au travail, peu de personnes contesteront vos pauses cigarettes, d'autant plus qu'elles ne durent que quelques minutes (évidemment je parle ici de pauses raisonnées et raisonnables. Si vous sortez tous les quarts d'heure ou que vos pauses durent chacune 20 minutes, il se peut que des remontrances se fassent entendre !). Ces quelques minutes pendant lesquelles vous fumez vous permettent de vous isoler, de vous poser, de remettre vos idées au clair et de redescendre en pression le cas échéant. C'est parfois la même chose à la maison. Comme il est aujourd'hui reconnu que la cigarette est dangereuse pour la santé de l'entourage du fumeur, la majorité des personnes fument dehors seules. Ici encore la pause cigarette est l'occasion de se mettre dans une bulle, d'avoir un peu de calme et de temps juste pour soi.

Cette cigarette a donc un aspect positif : vous permettre de vous reconnecter à vous-même. La vraie question à laquelle il faudra répondre avant votre arrêt du tabac sera donc la suivante : **quelle(s) raison(s) allez-vous pouvoir invoquer pour vous isoler quand vous ne fumerez plus ?**

Au travail aucune, si ce n'est le besoin de prendre l'air ! Car oui, c'est un besoin autant que celui de fumer et je vous le rappelle encore une fois il vous est recommandé de faire 10 minutes de pause toutes les 2 heures. À la maison, la situation pourra être un peu plus compliquée, surtout si vous avez de jeunes enfants. Comment leur faire comprendre que maman ou papa a besoin de calme, de s'occuper d'elle/lui juste quelques minutes ? Mon conseil : proposez-leur une activité relaxante à faire ensemble (mais chacun pour soi). Vous pouvez par exemple colorier des mandalas, faire du yoga ou méditer en pleine conscience[7]. Les enfants adorent !

Permettez-moi un aparté pour vous poser une question : si vous prenez ce temps pour vous, au calme, c'est pour vous faire du bien n'est-ce pas ? Pensez-vous que cette recherche de bien-être soit compatible avec le fait d'ingérer du mercure, du cadmium, du vinyle et du polonium ?

Conclusion : ça n'est pas raisonnable !

Vous le voyez : toutes les craintes sont décorticables et la cigarette est toujours un faux-ami. À vous maintenant d'analyser vos propres craintes en suivant le modèle que je vous ai préparé ci-dessous. Il vous aidera dans votre processus d'analyse.

C'est à vous !

Commencez par noter votre crainte dans la première colonne. Dans la deuxième, donnez-lui une note d'importance sur 10. Dans la troisième colonne, jugez du bien-fondé de cette crainte. Dans la quatrième colonne notez au moins une parade. Et enfin, après ce processus de réflexion, notez à nouveau votre crainte. **L'idée,**

7. Je vous conseille ainsi le livre *Calme et attentif come une grenouille* d'Eline Snel aux éditions des Arènes.

vous l'aurez compris, est de redonner à vos peurs leur juste poids. Réitérez ce processus jusqu'à les faire disparaître.

Voici un exemple pour vous aider :

Ma crainte	Note sur 10	Est-ce vrai ?	Ma parade	Note sur 10
Poids	9	Les études montrent que la prise de poids se limite en moyenne à 3-4 kilos. J'ai un poids plutôt stable depuis toujours et je ne suis pas adepte du grignotage.	Je vais suivre des comptes Instagram inspirant qui me motiveront à prendre soin de moi. De cette façon je vais profiter de mon arrêt du tabac pour mieux manger et plus me remuer. Ainsi, je limiterai ma prise de poids à son strict minimum.	3

⁂

Beau travail, vous avancez ! Vous verrez qu'aucune crainte ne résistera à une recherche d'informations et à vos parades. Continuons !

JOUR 4
Je fais le point sur ma balance motivationnelle

La motivation est comme une balance. D'un côté, se trouvent vos bonnes raisons d'arrêter de fumer. De l'autre, vos bonnes raisons de continuer. Une grande partie de votre préparation consistera à analyser le contenu de cette balance et à travailler sur chaque point de façon à la faire pencher du bon côté ! Le jour où la balance basculera du côté de l'arrêt, ce sera le déclic. La question ne se posera plus : vous arrêterez. C'est le sujet de notre travail d'aujourd'hui.

Témoignage de Benjamin

Pour moi, fumer a toujours été un plaisir et je ne voyais pas du tout pourquoi j'aurais dû arrêter ! Jusqu'au jour où j'ai commencé à pratiquer un sport de combat. Très vite, je me suis rendu compte que je ne faisais pas le poids, niveau souffle et cardio, face aux non-fumeurs. J'avais beau savoir que la cigarette était néfaste, je ne l'avais jamais vraiment expérimenté. Et tout à coup, en réalisant qu'elle limitait mes performances, elle a perdu tout son côté glamour. J'étais toujours dépendant physiquement mais je n'avais plus envie de fumer. Suite à ce constat, j'ai arrêté le tabac. C'était il y a quatre ans.

Vous surestimez souvent les bonnes raisons de continuer de fumer. Pourquoi ? Parce que lorsque l'envie de cigarette survient elle est si forte, irrésistible qu'elle balaie d'un coup sec toutes vos bonnes résolutions. Mais en réalité vos bonnes raisons d'arrêter sont souvent bien plus fortes que celles de continuer. Et pour en prendre conscience, rien de tel que de le voir de ses yeux. C'est ce que va vous permettre le travail d'aujourd'hui.

C'est à vous !

Pour savoir où vous en êtes, je vous propose un petit exercice. Prenez une feuille et un crayon et faites deux colonnes. Dans la première colonne vous listerez vos bonnes raisons de continuer de fumer et dans la deuxième vous listerez vos bonnes raisons d'arrêter (voir jour 2). Une fois fait, vous noterez sur 100 l'importance à vos yeux de chaque réponse. Enfin, vous ferez la somme des notes de chaque colonne. Ces deux totaux vous donneront un instantané de votre balance motivationnelle.

Comme pour l'exercice du jour précédent, soyez honnête avec vous-même. Il n'y a pas de mauvaise réponse et même la plus petite des bonnes raisons, si elle existe, doit être notée. Même si c'est une bonne raison de continuer de fumer !

Voilà un exemple de ce à quoi pourrait ressembler votre balance motivationnelle :

Bonnes raisons de continuer de fumer	Bonnes raisons d'arrêter de fumer
Plaisir 80	Santé, toux.......... 100
Décompresser.......... 70	Argent.......... 50
Soirées alcoolisées entre amis 80	Donner le bon exemple à mes enfants.. 100
Plaisir avec mon café 20	Sentir bon (vêtements, haleine).......... 20
	Faire taire mes proches.......... 10
TOTAL.......... 250	TOTAL.......... 280

À vous !

Bonnes raisons de continuer de fumer	Bonnes raisons d'arrêter de fumer
....	....
....	....
....	....
....	....
....	....
TOTAL...............................	TOTAL...............................

Cas de figure n° 1 : les bonnes raisons d'arrêter sont supérieures aux bonnes raisons de continuer

Si vous lisez ce livre, il y a fort à parier que votre démarche pour arrêter est déjà enclenchée et que les bonnes raisons de vous libérer du tabac sont supérieures, en total de points, aux bonnes raisons de continuer. Le fait de voir ce tableau va très probablement vous rassurer et vous faire ouvrir les yeux sur l'inutilité de repousser sans cesse le passage de l'autre côté du miroir. Super, vous pouvez passer au jour 5 !

Cas de figure n° 2 : les bonnes raisons d'arrêter sont inférieures ou égales aux bonnes raisons de continuer

Il se peut également que les deux colonnes soient ex-aequo ou que les bonnes raisons de continuer soient plus fortes que les bonnes raisons d'arrêter. Pas de panique ! Cela veut juste dire qu'il va falloir laisser un peu de temps à votre cerveau pour qu'il continue le travail. Et si cela dure trop longtemps à votre goût, il suffira de lui donner un coup de pouce.

Pour commencer donc, laissez faire. Oui vous avez bien lu ! Le fait d'avoir écrit noir sur blanc les bonnes et mauvaises choses procurées par le tabac va vous faire réfléchir sans que vous vous en rendiez compte. Comme si vous aviez planté une graine qu'il faut attendre de voir pousser.

Au bout d'une semaine, refaites le test :
Les résultats ont-ils changé ? La balance a-t-elle finalement penché du côté de l'arrêt ? Magnifique ! Rendez-vous en jour 5.

Les résultats penchent toujours du côté de la cigarette ? Alors, mettons-nous au travail et analysons les situations qui vous font fumer.

Munissez-vous de votre carnet pour cette étape. Le fait d'écrire accélérera le processus.

Voilà la marche à suivre : à chaque fois que vous fumerez une cigarette, analysez ce qui vous a poussé à l'allumer et le plaisir que cela vous a procuré. Ici encore et comme toujours, soyez honnête et le plus objectif possible.

Plusieurs cas de figure peuvent vous amener à prendre une cigarette. Parmi les plus fréquents, citons :

- un réflexe/un automatisme ;
- une envie/un besoin ;
- une recherche de mieux-être : par rapport à une émotion positive (à définir) ou une émotion négative (à définir également).

Repartons des bonnes raisons citées dans la balance d'exemple, je vais les analyser pour vous aider dans votre réflexion.

FUMER EST UN PLAISIR

Je pose souvent cette question aux personnes que j'accompagne : « Selon vous, fumer une cigarette vous fait-il du bien ? » Beaucoup me répondent avec la voix de la raison : « Non, bien sûr que non. Fumer est dangereux pour ma santé. » Les autres me disent : « Oui… et non. » La bonne réponse est la deuxième.

Évidemment la cigarette est dangereuse pour la santé, on le sait. Il n'en demeure pas moins que la nicotine de la cigarette provoque la production d'hormones du bonheur en agissant au niveau de la zone de la récompense dans le cerveau : la dopamine (plaisir), la sérotonine (calme et sérénité) et la noradrénaline (vigilance, concentration et attention sélective).

En résumé, lorsque vous fumez, il se passe deux choses tout à fait contradictoires dans votre corps : d'un côté, votre cerveau profite d'un merveilleux feu d'artifice. De l'autre, votre corps se défend autant qu'il le peut contre l'agression des 4 800 produits chimiques présents dans la fumée de cigarette.

C'est donc un plaisir qui coûte cher car il use littéralement votre corps.

Nous pouvons également nous interroger sur cette notion de plaisir : plus vous fumerez, plus vous créerez de récepteurs à la nicotine, plus la dose exigée par ces derniers sera importante et plus vous risquez de ressentir des symptômes de manque si vous ne fumez pas assez. **Le plaisir que vous ressentirez ne sera donc pas un plaisir à proprement parler mais plutôt le comblement d'un sentiment de manque, un retour au calme après la tempête.**

FUMER M'AIDE À DÉCOMPRESSER

La nicotine arrive en 7 à 10 secondes au cerveau, puis s'en va. Peu de temps après arrive l'envie de la prochaine cigarette. Moralité : à moins de répondre systématiquement et instantanément à chaque envie de cigarette, vous vivez une grande partie de votre journée avec un sentiment de manque dont vous n'avez pas forcément conscience.

Le graphique ci-après représente la journée type d'un fumeur. Vous voyez nettement que les moments d'inconfort (liés au manque et aux envies insatisfaites) sont bien supérieurs aux moments de confort. Ces moments d'inconfort sont caractérisés par de multiples symptômes dont l'agitation, l'irritabilité, l'anxiété ou des troubles de la concentration. Du stress, donc ! En résumé : la cigarette est la cause de la tempête et non son remède. Fumer apaisera cet état mais ne vous fera pas décompresser : vous comblerez simplement un manque et vous ramènerez temporairement le calme.

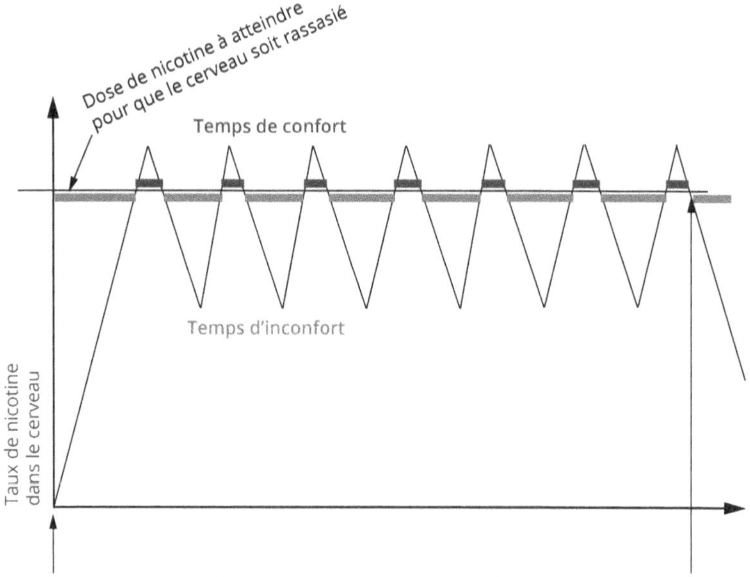

On voit bien que le temps d'inconfort est beaucoup plus important que le temps de confort.

Il se peut également que la situation que vous viviez soit stressante (en dehors de tout sentiment de manque) et que votre cerveau vous invite à fumer une cigarette pour vous détendre. Pourquoi ? Ici nul rapport avec la zone de la récompense du cerveau, cela se joue au niveau du cortex préfrontal. Votre cerveau est un gros ordinateur doté d'incroyables facultés mais flemmard : il veut automatiser le plus de tâches possibles. Un jour où vous étiez stressé, vous êtes sorti fumer une cigarette. Ce qui vous a fait du bien : le fait de vous lever, de prendre l'ascenseur, de vous retrouver seul, de couper. Là-dessus, vous avez fumé une cigarette qui vous a procuré un shoot chimique de bonheur. La combinaison de tous ces facteurs a fait que vous vous êtes senti mieux donc vous êtes rentré. Une deuxième fois, vous étiez stressé et vous avez suivi la même routine. Et la troisième fois aussi, et la quatrième, etc. À force, votre cerveau a créé une connexion entre les situations tendues et la cigarette, et a placé cette dernière en haut du podium des outils anti-stress. Et il s'est totalement mépris ! Le principal composant de la fumée de cigarettes est le monoxyde de carbone. Ce dernier se fixe sur les globules rouges et chasse l'oxygène. Il asphyxie donc littéralement votre corps. Pour lutter contre ce phénomène, votre cœur va immédiatement se mettre à battre plus vite (pour produire plus de sang chargé en oxygène). Or l'augmentation du rythme cardiaque est le premier symptôme physique du stress. **Conclusion : la cigarette ne vous apaise pas ; au contraire, elle vous stresse !**

LA CIGARETTE ACCOMPAGNE MES SOIRÉES ALCOOLISÉES ENTRE AMIS

Ici, comme pour la cigarette « stress », cela se joue à deux niveaux : la zone de la récompense et le cortex préfrontal.

Au niveau de la zone de récompense d'abord, car les deux produits, alcool et tabac, agissent au même endroit et se renforcent. Quand on fume, on boit plus et quand on boit, on fume plus. Les shoots d'hormones du bonheur n'en sont donc que plus forts.

Au niveau du cortex préfrontal ensuite. À force d'associer alcool et cigarette, le cerveau a créé une connexion, il s'est conditionné. Peut-être avez-vous déjà entendu parler de Pavlov et de son expérience avec le chien : la sonnette et la gamelle ? À force de systématiquement faire sonner une cloche avant de donner la gamelle au chien, ce dernier a créé une connexion entre les deux. À partir d'un certain degré de répétition, le simple tintement de la clochette faisait saliver le chien. « Clochette » voulait dire « repas ». Le cerveau de l'homme fonctionne de la même façon. Dans votre cas, à force d'associer systématiquement alcool et cigarette, votre cerveau a sans doute créé une connexion qui fait qu'à chaque fois que vous buvez de l'alcool, l'envie de fumer devient irrésistible. Des méthodes pour déconditionner votre cerveau existent, nous les verrons dans le troisième chapitre de ce livre.

J'AIME FUMER AVEC MON CAFÉ

Certains produits se complètent à merveille : vin et fromage, alcool et cigarette, café et cigarette et bien d'autres encore qui dépendent de chacun de nous et de notre assiduité à associer les deux produits comme évoqué ci-dessus. Ici, il s'agit du même processus révélé par les études de Pavlov : c'est un conditionnement. Penchez-vous avec attention sur l'association cigarette/café qui vous plaît tant. Est-ce votre café qui est meilleur avec une cigarette ou votre cigarette qui est meilleure avec un café ? Un indice pour vous aider dans votre réflexion : en arrêtant de fumer vous allez réveiller vos papilles. Conclusion, la cigarette est sans doute meilleure avec un café mais le café, lui, sera meilleur sans cigarette.

***

À votre tour à présent de réfléchir à chacune des « bonnes raisons de continuer de fumer » que vous avez inscrites dans votre tableau. Une fois cet exercice réalisé, refaites l'exercice de la balance. Je suis prête à parier qu'elle aura bougé. Continuez de vous interroger jusqu'à ce que la balance bascule du côté de l'arrêt. Rappelez-vous qu'un des maîtres-mots d'un arrêt du tabac définitif est la patience. Avec du temps et de l'introspection, elle finira par pencher du bon côté, je vous le garantis !

JOUR 5

Je cherche du soutien autour de moi

Vous devez connaître cette maxime : « Seul on va plus vite, ensemble on va plus loin. » Bien sûr qu'arrêter de fumer seul est tout à fait possible. C'est d'ailleurs de cette façon que la plupart des personnes procèdent. On se motive, on se lance et on fonce, tête baissée, quitte à couper les ponts quelques temps avec les situations et les personnes qui pourraient nous rendre la tâche plus difficile. Et pourquoi pas ! Après tout chacun fait comme il l'entend. Sauf que les chiffres disent l'inverse : plus on est soutenu, plus on réussit. C'est d'ailleurs sur ce principe qu'a été créée le Mois Sans Tabac en 2016. Cette opération invite les fumeurs à relever le défi de laisser leurs cigarettes au placard pendant 30 jours et de se soutenir les uns les autres. Le problème, c'est que notre balance motivationnelle ne se cale pas forcément sur les agendas officiels et il se peut que votre déclic arrive en mars... Peu importe ! Il existe de nombreuses façons d'obtenir du soutien.

Les fumeurs augmentent leurs chances de réussite d'arrêt du tabac de 67 % si leur conjoint(e) arrête le tabac en même temps qu'eux, de 36 % si c'est un ami proche, et de 34 % si c'est un collègue de travail[8].

8. Source : Christakis NA, Fowler JH. "The collective dynamics of smoking in a large social network". *N Engl J Med*. 2008 ; 358 : 2249-2258.

LE COÉQUIPIER / LA COÉQUIPIÈRE

L'arme secrète de votre arrêt du tabac réussi pourrait être un *sparing-partner*. Un proche qui, comme vous, aurait décidé d'arrêter le tabac. Voici comment cette personne pourra vous aider :

- **Quand vous êtes stressé :** vous pourrez par exemple décider de faire une activité déstressante tous les deux, comme vous inscrire à un cours de yoga ou aller courir ensemble le week-end. Du fait d'y aller à deux, vous aurez plaisir à honorer ce rendez-vous qui deviendra vite un nouveau rituel apaisant. Il vous aidera à réguler votre production de neurotransmetteurs et à reconditionner plus rapidement votre cerveau.
- **Quand vous vous sentez bien :** imaginons que les situations les plus à risque soient celles où vous passez du temps avec vos amis. Alors je vous suggère de trouver votre partenaire parmi eux ! Vous aurez ainsi un allié dans ces moments à risque, auxquels vous n'aurez pas peur de participer puisque vous ne serez pas seul. Vous expérimenterez ainsi le fait que ces soirées sont tout aussi sympathiques sans fumer (et que dire des lendemains !) et cela boostera d'autant plus votre détermination à poursuivre votre arrêt.
- **Quand on vous y invite :** que cela peut être difficile de résister à une invitation à sortir fumer ! Vous êtes en train de travailler et des collègues, en route pour leur pause cigarette, vous proposent de descendre avec eux. Non seulement cette cigarette est alléchante mais l'idée de pause l'est tout autant ! Arrêter le tabac, c'est une chose, mais qu'on vienne plusieurs fois par jour vous tenter complique sacrément l'histoire. Dans ce cas-là, choisissez votre partenaire d'arrêt parmi vos collègues. Au moment où les fumeurs descendront, vous sortirez avec lui dans un autre endroit non fumeur. Vous verrez qu'un break à l'air libre sans cigarette, c'est possible et mille fois plus efficace !

LE SPONSOR

Les sponsors sont ces proches non fumeurs, ou ex-fumeurs, qui vont vous soutenir dans votre démarche. Il faudra avant tout que cette personne soit bienveillante et empathique. Présélectionnez donc des gens qui ont plutôt ce type de caractère. Votre meilleur(e) ami(e) overbooké(e) qui critique tout et tout le temps n'est peut-être pas la personne idéale pour ce rôle. En revanche, votre sœur qui vous connaît sur le bout des doigts et qui vous aime profondément sera peut-être plus en mesure d'endosser cet habit.

Une fois le sponsor identifié, il faudra le briefer sur le fonctionnement de la dépendance et sur votre profil de fumeur. Cela lui permettra de mieux comprendre ce par quoi vous allez passer, d'être moins dans le jugement et de mieux vous accompagner. Il faudra aussi lui dire ce que vous attendez de lui. L'idée n'est pas que l'on vous mette la pression inutilement ou que l'on vous parle de votre arrêt du tabac à tout bout de champ. Non, ce n'est pas un Harry que l'on recherche ici. **L'idée, c'est que l'on vous encourage, que l'on vous félicite, que l'on vous aide à prendre conscience du chemin parcouru et de toutes les belles choses qui se produisent grâce à votre arrêt du tabac.** Il faudra que cette personne applaudisse les différents caps franchis, qu'elle vous remotive quand vous serez sur le point de craquer mais aussi qu'elle vous supporte quand vous serez à cran... Vous comprenez pourquoi je vous recommande de choisir un·e proche !

Malheureusement, le sponsor est dur à trouver car tout le monde ne pourra pas s'investir dans le temps à vos côtés. Dans ce cas, je vous recommande d'annoncer votre arrêt simplement aux personnes que vous aimez et qui – vous le savez au fond de vous – vous soutiendront, sans forcément être très présentes. Dites-leur que le fait de savoir que vous avez leur soutien vous aidera, et ils sauront vous le manifester. J'en profite pour partager avec vous une anecdote personnelle. Lorsque j'ai arrêté de fumer il y a plus de dix ans, je n'en étais pas à mon coup d'essai. En réalité, comme beaucoup de fumeurs, j'avais plusieurs tentatives au compteur : des arrêts de plusieurs mois, des arrêts de quelques jours, des tentatives avortées au stade de l'intention... Au fil du temps, j'avais un peu perdu le soutien et l'enthousiasme de mon père. Et je le comprenais. À tel point qu'il y a onze ans, j'ai beaucoup hésité avant de lui dire que je venais (encore) d'arrêter de fumer. Mais je l'ai quand même fait, parce qu'au fond de moi, je savais que j'avais besoin de lui. Il n'a pas spécialement réagi à l'annonce, comme je l'attendais, mais quelques jours plus tard il m'a tendu une sucette (chose qui était totalement saugrenue : déjà parce que les bonbons avaient toujours été proscrits chez moi – à mon grand regret – mais surtout parce que j'avais 28 ans !). Il m'a simplement dit : « Si jamais un jour tu as envie de craquer, prends cette sucette plutôt que de fumer. » Ça peut paraître bête mais cette sucette a été cruciale. Elle était toujours sur moi et, je peux vous l'avouer, je sais encore très bien où elle est aujourd'hui. Non pas que j'ai encore peur de craquer (heureusement non !), mais parce qu'elle symbolise la confiance et l'amour de mon père. Vous voyez, tout soutien est bon à prendre.

Témoignage d'Olivier

L'année 2000 fut la bonne. J'avais 39 ans, il me semblait que la plaisanterie avait assez duré. J'ai pensé que le temps des vacances serait propice, la sortie des habitudes, la nature, etc. J'étais très motivé. Pour m'aider j'ai pris comme complice mon fils de 10 ans. Je lui ai demandé deux choses : la première, de me cacher mes pipes et mon tabac, et la seconde de ne rien dire à sa maman et à sa sœur aînée. Je savais que si j'avais encore claironné : « Ça y est ! J'arrête de fumer !!! », personne ne m'aurait pris au sérieux, encore moins mon épouse qui m'aurait ri au nez ! Conclusion : elles se sont rendu compte seulement deux semaines après mon arrêt que je ne fumais plus ! Depuis, je n'ai plus jamais touché le moindre tabac. Ce n'est pas l'envie qui m'en a manqué, surtout lorsque je passais devant un fumeur de pipe ! Mais avec du recul, j'ai pris conscience que tout était meilleur sans tabac : la santé, la respiration, le goût des aliments et le porte-monnaie bien rempli. Alors je ne cesserai jamais de remercier mon fils et je suis très ému à chaque fois que je repense à la fierté qu'il a ressentie en étant l'allié de mon arrêt !

LE COACH DIGITAL

Oui, tout est bon à prendre, même si c'est digital ! Il existe de nombreuses applications pour smartphones qui vous soutiennent pendant votre arrêt du tabac. Elles fonctionnent sur le principe de compteur temps et vous informent des effets positifs et bienfaits de l'arrêt du tabac en temps réel. Certains n'apprécieront pas qu'on leur rappelle sans cesse qu'ils sont en train d'arrêter. Dans ce cas-là, je ne leur recommande pas de faire appel à ces applications qui peuvent vite devenir intrusives ! Pour d'autres, elles pourront avoir un rôle de béquille et être sources de renforcement de leur motivation en leur permettant de tenir un jour après l'autre et de ne pas craquer.

La liste des applications existantes est longue et en constante évolution, donc à vous de trouver celle qui vous correspondra le plus. Je n'en citerai ici que deux car elles me semblent complémentaires.

Tabac Info Service d'abord, qui sera parfaite pour vous aider à préparer votre arrêt du tabac. L'application vous donne même la possibilité de commencer par une réduction de la quantité de cigarettes fumées, ce qui prouve l'ouverture d'esprit de l'approche. Je les remercie pour cette prise en considération de la réalité des fumeurs car, oui, vous ne voulez pas tous arrêter le tabac du jour au lendemain. C'est votre aventure et c'est vous qui décidez comment et quand vous voulez arrêter de fumer. L'application sera donc un support intéressant que vous pourrez utiliser en parallèle de ce livre pour travailler vos bonnes raisons, vos craintes mais aussi demander à des proches de vous envoyer des vidéos d'encouragement.

Kwit est une application très fraîche et colorée et la mieux notée au moment où j'écris ce livre. Outre le suivi de l'évolution des données qui est, somme toute, assez classique (mais suffisant pour être motivant) : argent économisé, nombre de cigarettes non fumées, espérance de vie gagnée, monoxyde de carbone non inhalé et, c'est original : temps gagné à ne pas fumer, l'application est aussi ludique. Vous pouvez par exemple secouer votre téléphone en cas de forte envie pour obtenir une astuce et être remotivé, mais aussi débloquer des paliers au fil du temps, ce qui vous incite à tenir bon ! Autre point fort, l'application prend en compte d'éventuels craquages, ce qui n'est pas le cas des autres. Elle permet également d'analyser la prise ou non-prise de cigarettes (intensité, déclencheur, sentiment). L'espace d'échange est également très appréciable car il vous donne accès à des soutiens potentiels !

* * *

En conclusion, la préparation passe aussi par la création d'un cadre réconfortant et motivant, un cadré créé par des personnes mais aussi par des choses plus matérielles. C'est ce que nous allons voir demain !

JOUR 6
Je prends la décision de me cajoler

L'arrêt du tabac est une course de fond et il faut laisser le temps au sevrage et aux déconditionnements de se faire. C'est d'ailleurs pour cela que ce livre est un pas à pas sur 21 jours. C'est le chirurgien américain Maxwell Maltz qui avait diffusé l'idée qu'il fallait 21 jours pour se défaire d'une habitude après avoir constaté qu'il fallait en moyenne 3 semaines à ses patients pour qu'ils acceptent leur visage modifié. Mais en réalité, comme je vous le disais plus tôt, la vigilance sera de mise pendant bien plus longtemps que 21 jours ! Disons qu'en moyenne **je vous recommande de vous considérer comme « fumeur en cours d'arrêt » pendant au moins un an.**

Cela ne veut pas dire que, pendant 12 mois, vous vivrez une lutte et que vous serez dans la souffrance, heureusement non ! Plus le temps passera, mieux ça ira. Je vous recommande simplement, pendant 12 mois, de maintenir votre vigilance à son maximum pour éviter toute rechute.

Voilà mes conseils pour que cette période soit la plus douce possible.

JE DÉCIDE DE PRENDRE SOIN DE MOI

« S'aimer soi-même est le début d'une histoire d'amour qui dure toute une vie. »

— Oscar Wilde

Vos journées défilent, vous êtes pris par le temps et par les tâches à accomplir, votre *to do list* est si importante que vous avez le sentiment qu'elle ne diminue jamais. Pas de doute, vous pliez sous la fameuse charge mentale dont on parle tant depuis quelques années, à tel point que vous vous oubliez littéralement.

Prenez deux secondes et posez-vous ces deux questions :
- À quand remonte la dernière fois où vous avez pris un moment pour vous, rien que pour vous ?
- À quand remonte la dernière fois où vous vous êtes autorisé à ralentir le rythme, à passer en mode « slow » ?

Par exemple : quand avez-vous passé une heure dans un parc au soleil pour lire un magazine ? Quand avez-vous flâné dans les rues ? Quand êtes-vous allé vous faire masser ? Quand avez-vous passé une heure avec un(e) ami(e) en terrasse ou au téléphone ? Quand ? Il y a sans doute trop longtemps, comme beaucoup d'entre nous.

Si vous êtes en train de lire ce livre, c'est déjà une bonne nouvelle : vous avez pris conscience qu'il fallait prendre soin de vous, que vous étiez quelqu'un de précieux. Mais vous pouvez faire encore mieux, et cela facilitera d'autant plus votre arrêt du tabac. **Pour commencer la métamorphose, autorisez-vous 3 heures dans la semaine juste pour vous.** Bloquez le créneau dans votre agenda et, dans la mesure du possible, mettez votre téléphone en mode avion. Ces pauses « juste pour vous » vous feront un bien fou : elles vous reposeront, vous régénéreront et vous rendront plus fort.

Exemples de choses que je peux faire en 3 heures

- Aller au cinéma.
- Me balader (dans la rue ou dans la campagne).
- Voir une exposition.
- Prendre un café ; déjeuner ; dîner avec un(e) ami(e).
- Prendre le soleil dans un parc.
- Lire (un livre, un magazine).
- Prendre un cours (de musique, d'une activité artistique).

- Faire du sport (nager, courir, aller à la salle de sport, faire du yoga).
- Aller au théâtre.
- Me faire masser ; aller au hammam.
- Discuter avec un proche.
- Regarder ma série préférée.
- Écouter des podcasts.

JE CULTIVE MON OPTIMISME

« Il y a des fleurs partout pour qui veut bien les voir. »

— Matisse

Malheureusement, notre cerveau n'a pas été conçu pour raisonner de cette façon. Notre monde évolue à une vitesse incroyable (surtout ces dernières décennies) alors que notre cerveau, lui, en est toujours à sa version « âge de pierre ». C'est un guerrier. Son rôle principal est de nous faire rester en vie et de perpétuer l'espèce. Ses missions : trouver à manger, veiller à notre sécurité, faire en sorte que l'on se reproduise. **Il est en alerte permanente et s'attache beaucoup plus facilement à ce qui ne va pas, plutôt qu'à ce qui va, car ce qui va bien ne lui permettra pas de s'adapter et de survivre. En somme, c'est notre tour de contrôle et c'est très bien !** Seulement, notre vie d'aujourd'hui est tout à fait différente : il n'y a pas de prédateur en vue et, pour notre plus grande chance, nous ne vivons pas dans un pays en guerre. Il n'y a donc pas de danger imminent et nous pouvons raisonnablement baisser la garde pour nous attarder sur ce qui va bien dans notre vie. Car le positif a des vertus insoupçonnées !

Mais comment faire pour trouver le positif autour de nous ? Nous vivons à 200 à l'heure, souvent dans le bruit et dans l'insatisfaction chronique de ne pas pouvoir faire tout ce que nous voudrions faire. Non, vous en êtes sûr, la liste des doléances est trop longue, il n'y a pas une once de positif à l'horizon… Pas de panique, c'est votre cerveau qui fait sa vigie ! Car oui, je vous le garantis, il y a forcément, au cours de vos journées, des choses autour de vous qui vous apportent un peu de joie, de soulagement, de réconfort. Vous ne les voyez pas parce que vous n'y prêtez pas attention, tout simplement ! Heureusement, ça s'apprend.

Pour ce faire, je vous conseille de vous inspirer de Florence Servan Schreiber et de ses « 3 kifs par jour ».[9] **Chaque soir avant de vous coucher, vous noterez dans votre carnet trois choses positives qui vous seront arrivées dans la journée.** Au début, vous devrez peut-être vous creuser un peu la tête mais rapidement vous verrez ces choses positives beaucoup plus naturellement et vous deviendrez naturellement plus conscient de votre bonheur. Le mieux serait que ces choses positives soient en lien avec votre arrêt du tabac. De cette manière, vous ferez pencher votre balance motivationnelle définitivement du côté de l'arrêt, ce qui vous aidera à résister aux tentations *(« Comment pourrais-je renoncer à tout ce que j'ai gagné ? »)*. Mais si ce n'est pas le cas, ce n'est pas grave. La gratitude que vous ressentirez aura un effet positif sur votre état d'esprit en général, et donc sur votre arrêt du tabac.

Les bénéfices de la gratitude

1. **Votre système immunitaire sera renforcé (donc votre corps sera en meilleure forme pour faire le grand nettoyage).**
2. **Vous serez moins stressé.**
3. **Votre moral sera excellent.**
4. **Votre motivation sera boostée.**

Le jour de votre arrêt, votre carnet de bord deviendra votre carnet de gratitude, le support de tous les effets positifs de votre arrêt du tabac et de vos joies du quotidien.

9. *3 kifs par jour et autres rituels recommandés par la science pour cultiver le bonheur*, Florence Servan Schreiber, éditions Marabout.

JE BOOSTE MA PRODUCTION DE NEUROTRANSMETTEURS

Comme je vous l'apprenais au jour 4 de ce livre, le plaisir que l'on ressent lorsque l'on fume est dû aux neurotransmetteurs que la nicotine produit au niveau de notre cerveau. Et la peur que l'on peut ressentir en pensant à son arrêt du tabac est celle du vide, de la morosité : *« Que ma vie va être fade sans cigarette ! »* Or c'est un leurre ! Rappelez-vous, quand vous étiez enfant, vous aviez des moments de joie, des moments de plaisir et la cigarette n'avait rien à faire là-dedans. Notre cerveau, et c'est heureux, est conçu pour produire naturellement de la dopamine, de la sérotonine et de la noradrénaline. Pour en ressentir les effets positifs, nul besoin de se soumettre à des montagnes russes comme avec la cigarette. En arrêtant de fumer, votre cerveau aura besoin d'un petit temps d'adaptation pour réapprendre à produire naturellement ces neurotransmetteurs (3 mois en moyenne pour la dopamine). Mais si vous l'accompagnez, sa rééducation se fera plus vite et dans le plaisir.

La dopamine est l'hormone du bien-être. Elle est produite naturellement lorsque l'on fait une action qui nous maintient en vie (manger, boire, faire l'amour…) mais aussi lorsque nous rions. Vous pourrez aussi booster sa production en consommant des produits riches en tyrosine (nous en reparlerons en jour 17).

La sérotonine est l'hormone du calme et de la sérénité. C'est pour cela que vous pensez – à tort – que la cigarette vous déstresse. En réalité, c'est le manque qui vous tend, et le shoot de sérotonine que la cigarette vous procure vient juste calmer votre manque. Pour gagner vraiment en zénitude, vous pouvez pratiquer la contemplation – en flânant dans les rues, dans la nature, en allant voir une exposition, en regardant vos enfants (qu'ils sont beaux n'est-ce pas ?) –, veiller à mettre des aliments riches en tryptophanes dans votre assiette (nous verrons cela en jour 17), (re)commencer le sport mais aussi faire le plein de vitamine D en vous exposant à la lumière naturelle ou à celle d'une lampe de luminothérapie.

La noradrénaline est l'hormone de la vigilance et de l'attention sélective. C'est elle qui vous donne le sentiment que la cigarette vous aide à vous concentrer, qu'elle vous booste. Pour optimiser votre concentration au naturel, vous pouvez pratiquer une activité sportive à haute intensité (sprint, musculation avec poids, cross-fit...), veiller à bien dormir mais aussi augmenter votre production de dopamine car cette dernière est précurseur de la noradrénaline. Je vous expliquerai comment faire en jour 17.

* * *

En résumé : ralentissez le rythme, prenez le temps de regarder les bonheurs de la vie, ressentez les bonnes ondes et prenez soin de vous !

JOUR 7

Les 8 commandements d'un arrêt du tabac définitif

#1. « LE MÉNAGE JE FERAI » : EXIT LES PRODUITS EN LIEN AVEC LE TABAC !

Vous avez entretenu une histoire d'amour plus ou moins longue avec le tabac et votre cerveau s'est habitué à sa présence. Pire : il a créé des connexions entre des objets de tous les jours et la cigarette. Il est ainsi fait. La conséquence de ces associations, c'est que la simple vue de ces objets éveillera en vous une envie de fumer. C'est pour cela que je vous recommande le plus possible de vous en séparer. Mais encore faut-il les identifier !

Ces choses peuvent être évidentes (tout ce qui est en lien direct avec la cigarette) ou beaucoup moins (images qui rappellent la cigarette comme par exemple l'affiche d'un film dans lequel les acteurs fument beaucoup). C'est souvent en arrêtant de fumer que vous identifierez ces objets déclencheurs car, à leur simple vue, une envie de fumer surgira.

Franck Underwood et sa cigarette plaisir

J'ai suivi un jeune homme pour qui l'arrêt du tabac se passait très bien. Sauf quand il regardait *House of Cards* ! Lorsqu'il voyait le héros de la série, Franck Underwood, fumer avec sa femme le soir une cigarette à la fenêtre, cela lui donnait une envie irrépressible de fumer. Dans son cas, il y a fort à parier que la simple vue de l'affiche de la série lui aurait également donné envie de fumer.

L'association peut aussi être croisée, c'est-à-dire *via* d'autres produits. Des études ont en effet prouvé que la simple vue d'une publicité d'alcool pouvait éveiller une envie de fumer.

C'est à vous !

Pour commencer à identifier ces éléments déclencheurs, passez en revue la liste ci-dessous et voyez si cela peut vous concerner.

Check-list des éléments dont la simple vue peut susciter une envie de fumer :

- des cigarettes . . . . ❏
- des paquets vides ou pleins . . . . ❏
- des étuis à cigarettes. . . . . ❏
- des briquets . . . . ❏
- des allumettes . . . . ❏
- des cendriers . . . . ❏
- des représentations de cigarettes sur des photos ou des affiches . . . . ❏
- des objets évoquant indirectement des cigarettes (ex. : affiches de film, photos d'amis fumeurs ou de vacances pendant lesquelles vous avez beaucoup fumé, publicités d'alcool, etc.). . . ❏
- autre : . . . .

#2. « À DES COMPTES MOTIVANTS JE ME CONNECTERAI »

Avant-hier je vous parlais de soutien qu'il fallait chercher partout où vous le pouviez. Les réseaux sociaux, et Instagram en particulier, en sont une source incroyable. Vous y trouverez des comptes ou des posts motivants qui sauront en cas de coup dur ou de simple baisse de moral vous rappeler pourquoi vous vous êtes engagé dans cette aventure qu'est l'arrêt du tabac.

Pour les trouver, vous pouvez commencer par vous abonner aux hashtags *#arrettabac*, *#arreterdefumer* ou *#moissanstabac* et suivre des comptes dédiés à l'arrêt du tabac comme celui de Tabac Info Service : @tabac_info_service.gouv, ou bien encore le mien : Déclic Anti Clope : @declicanticlope.

Vous pouvez aussi trouver de l'inspiration sur des comptes qui parlent d'autres arrêts comme celui de l'alcool par exemple. Ça n'est pas le sujet du livre, on est bien d'accord. Il n'en reste pas moins que ceux qui veulent devenir sobres ont également besoin de motivation et certains comptes sont tout à fait dignes d'intérêt ! Voilà une liste de hashtags intéressants : *#sober, #soberlife, #sobercurious*.

Et enfin, pourquoi ne pas vous tourner vers les comptes « positifs » comme celui de l'Optimisme (@loptimisme_officiel) ? Ces comptes-là aussi regorgent de post motivants.

Je ne vous ai donné ici qu'une très courte liste. Le développement personnel et la santé sont très à la mode sur les réseaux sociaux et notamment sur instagram alors profitez-en, fouillez !

#3. « UNE TIRELIRE JE ME CONFECTIONNERAI »

Fumer est devenu un luxe et la tendance n'est pas à l'amélioration ! À 10 euros le paquet depuis 2020, les calculs sont rapides : au bout d'un an, si vous fumez 10 cigarettes par jour, vous économiserez 1 825 euros. Si c'est un paquet de 20 cigarettes par jour, alors vous économiserez 3 650 euros ! De quoi réaliser d'incroyables projets et vous faire de magnifiques cadeaux.

Notez vos idées dans votre carnet de bord ! Elles seront très motivantes.

Dans un deuxième temps, je vous conseille d'investir ou, encore mieux, de fabriquer une tirelire dans laquelle vous mettrez l'argent économisé sans fumer. Vous verrez, ça ira très vite et la voir se remplir renforcera votre motivation car chaque jour vous rapprochera un peu plus de votre objectif. Attention, cependant, à ce que cet objectif ne soit pas une fin en soi, sinon votre motivation tombera en flèche une fois la somme atteinte.

Check-list de mes cadeaux « arrêt du tabac »

- un voyage
- un restaurant étoilé
- un nouveau domicile
- une nouvelle garde-robe
- une nouvelle décoration d'intérieur
- des produits de beauté d'une marque de luxe
- un abonnement à une salle de sport
- une séance de soin dans un très beau spa
- un abonnement à un cours (art plastique, chant, instrument de musique, bricolage, sport...)
- une œuvre d'art
- un moyen de locomotion : une voiture, une moto, un vélo électrique...
- des heures de ménage hebdomadaire
- de l'équipement sportif
- de l'équipement high-tech : nouveau téléviseur, nouvel ordinateur, nouveau téléphone...
- autres

#4. « LES MAUVAISES PERSONNES J'ÉVITERAI »

« Tenez-vous loin des gens négatifs, ils ont un problème pour chaque solution. »

— Albert Einstein

Certains proches fumeurs n'en sont peut-être pas à la même marche de l'escalier que vous (voir jour 1). Peut-être sont-ils bloqués sur la marche « Je ne peux pas le faire » car leur contexte de vie les empêche d'avoir une vision claire des priorités, ou bien parce que le peu de motivation qu'ils ont est écrasé par leurs craintes. Le problème, c'est que ces personnes ont beau être bloquées, elles n'en ont pas moins conscience de l'importance, voire de l'urgence, qu'il y aurait à arrêter de fumer. Le fait de ne pas se sentir prêtes et/ou capables d'atteindre cet objectif entache chaque jour un peu plus leur confiance et leur estime d'elles-mêmes. Cela peut les rendre envieuses de votre motivation et les faire tenter de vous ramener du « côté obscur de la force », de façon consciente ou non.

Activez donc votre radar et soyez vigilant aux phrases comme celles-ci :

« Tu as arrêté de fumer ? Oh non, tu m'abandonnes ! » ou *« Tu as arrêté de fumer ? Oh, t'es pas drôle ! »*

→ Message caché : « Ton arrêt du tabac va altérer notre amitié. » Merci le chantage !

« Tu as arrêté de fumer ? Ok, on en reparle dans une semaine ! »

→ Message caché : « Je ne pense pas que tu y arriveras. » Sympa !

« Tu as arrêté de fumer ? Fais gaffe tu vas grossir ! » ou *« Tu as arrêté de fumer ? Bon courage ! »*

→ Message caché : « Tu vas vivre un enfer ! »

Si lors de tentatives d'arrêts passées, vous avez déjà entendu ce type de phrases dans la bouche de proches, alors évitez-les durant vos premières semaines sans tabac. Autre option, lisez le cas sur la communication non violente à la fin du livre et voyez comment vous en inspirer pour faire comprendre à ces personnes qu'elles ne doivent plus vous dire ces choses. **Vous allez vivre une révolution, une renaissance, vous avez besoin d'optimisme, de bonnes ondes et de soutien.** Pas de vous lester avec des relations toxiques qui vous tireront vers le passé et l'immobilisme...

#5. « MES NOUVEAUX PROJETS J'ANALYSERAI AVEC VIGILANCE »

L'arrêt du tabac est une course d'endurance et, pour mettre toutes les chances de votre côté, je vous recommande de vous concentrer sur ce seul et unique objectif. Exit donc si possible les changements de travail, changements de ville et régimes draconiens.

Par exemple si vous vous penchez sur le contenu de votre assiette, ça ne sera pas pour enlever des calories mais pour mieux la remplir : avec des aliments qui vous donneront des vitamines et des minéraux pour avoir un maximum d'énergie ou avec des produits qui accéléreront la détox des 4 800 substances chimiques que vous avez ingérées pendant toutes ces années. Nous en reparlerons en jour 17.

Évidemment ce conseil est général et dépend de vous. Imaginons que vous ayez créé de nombreux conditionnements au travail, alors peut-être qu'un nouveau cadre vous donnera l'opportunité de repartir sur de nouvelles bases. *Idem* pour le changement de ville qui vous permettra peut-être de prendre de la distance avec un groupe social fumeur.

Analysez chaque nouveau projet à l'aune de cet arrêt du tabac. Si vous estimez que les changements seront positifs et vous aideront, alors allez-y, foncez. Si vous pensez que les perturbations vont être fortes, alors essayez, tant que possible, de les repousser.

#6. « UNE ACTIVITÉ MANUELLE JE CHOISIRAI »

Dans les premiers temps de l'arrêt, il se peut que vous ayez des envies récurrentes de fumer. Ce que j'appelle les cigarettes pop-up : vous faites quelque chose qui *a priori* n'a rien à voir avec le fait de fumer et, tout d'un coup, une envie surgit. Dans ces cas-là, rien de tel qu'une activité manuelle qui vous demandera de la concentration et qui ne laissera pas de place à la cigarette. Le choix est large : l'activité peut aller du bricolage à l'activité créative (dessin, poterie, fabrication d'objets divers...). Pour trouver l'inspiration, je vous invite à vous abonner au tableau DIY (*Do it yourself*) de la page Pinterest du Déclic Anti Clope qui regorge d'idées.

Ces activités ont un deuxième avantage : en vous demandant de la concentration, elles vous permettront de vous mettre dans une bulle, de vous recentrer. Chose que beaucoup de personnes que je rencontre ont peur de perdre en arrêtant de fumer. Alors n'hésitez plus !

#7. « UN OUTIL D'URGENCE JE ME PROCURERAI »

Je vous parlais plus tôt de la sucette que mon père m'avait offerte. Je n'ai jamais eu besoin de faire appel à elle mais je savais qu'elle était là. Sa seule présence me rassurait et m'a permis de tenir bon à certains moments qui pouvaient être un peu difficiles. Je m'étais fixé la règle de ne l'utiliser qu'en cas de force majeure, qu'en cas de drame. Ça peut paraître ridicule, car ce n'était qu'une sucette ! Mais, après tout, en quoi prendre une sucette en cas de stress aurait été plus idiot que de prendre une cigarette ? La première avec le sucre qu'elle contenait aurait eu un effet apaisant, réconfortant. La cigarette, elle, aurait certes provoqué un shoot puissant de dopamine, sérotonine et noradrénaline mais elle m'aurait aussi injecté une dose massive de poisons, et je ne voulais plus de cette double peine. **La cigarette n'était plus une option.**

C'est à vous !

Et vous, quel sera votre « emergency button » ?

Mon emergency button : ....

#8. « JUSTE UNE CIGARETTE JE NE FUMERAI PAS »

Combien de personnes me disent : « J'ai repris bêtement en fumant juste une cigarette à une soirée. » L'avez-vous vécu ? Je vous rassure, c'est un classique ! Au bout d'un certain temps, chemin faisant, on oublie par où l'on est passé et combien la route a pu être longue. Alors, lorsque l'occasion de fumer se présente, on se dit qu'une cigarette, juste une, passera inaperçue. C'est une grosse erreur.

Voilà le moment venu de vous annoncer la mauvaise nouvelle, la seule mauvaise nouvelle de ce livre : si vous avez été un fumeur régulier, alors vous ne pourrez jamais être un fumeur occasionnel. Ça n'est pas une question de force mentale que vous n'auriez pas, ce serait trop simple. Et si c'était le cas, alors certains fumeurs réguliers y parviendraient, ce qui n'est pas le cas. En réalité ce phénomène est lié aux récepteurs nicotiniques présents dans votre cerveau. À force de fumer en quantité et/ou dans la durée un nombre fixe de cigarettes chaque jour, vous avez fini par créer un nombre défini de récepteurs nicotiniques. En arrêtant de fumer, ils se fermeront tous progressivement mais ne disparaîtront jamais. Et la moindre cigarette aura un effet immédiat : elle rouvrira tous les récepteurs d'un coup. Chacun d'eux redemandant alors leur dose comme si vous n'aviez jamais arrêté de fumer. C'est un peu comme un alcoolo-dépendant qui ne peut plus boire une goutte d'alcool. Pour vous ce sera pareil.

Témoignage de Julien

On connaît tous quelqu'un qui parvient à fumer une cigarette de temps en temps. Ce n'est pas mon cas, et si vous lisez ces quelques lignes, c'est qu'*a priori* ce n'est pas le vôtre non plus. Et pourtant je me suis accroché à cet espoir : « Allez, je ne fume qu'en soirée », « Bon, un jour sur deux », « Oh, juste une cigarette par jour... » Cela n'a bien évidemment jamais fonctionné. Si j'ai appris une chose lors de mes différentes tentatives d'arrêt, c'est qu'il n'y a que deux catégories de personnes face à la cigarette : les dépendants et les autres. Et si, comme moi, vous êtes dépendant, arrêter signifie ne plus jamais en rallumer une. Ou alors replonger un mois, un an, dix ans...

* * *

Vous comprenez maintenant l'importance de bien anticiper les situations « peau de banane » et de vous préparer pour y faire face avec facilité au moment où elles se présenteront. C'est ce que nous allons voir dans le deuxième chapitre de ce livre. Sortez votre carnet et votre crayon car vous allez devoir mettre la main à la pâte ! Cela vous demandera certes un peu de temps et de concentration (je vous rassure, c'est raisonnable !) mais je vous promets qu'à la fin de cette deuxième partie vous vous sentirez incroyablement fort et maître de la situation. Je trépigne, vite, allons-y !

Tout ce qu'il faut retenir pour avoir une motivation au top !

1. Je dois être rigoureux et prendre le temps de me poser toutes les bonnes questions : pourquoi est-ce que je veux arrêter de fumer ? Quelles sont mes craintes, mes freins ?
2. Je fais en sorte de m'entourer de personnes bienveillantes qui vont m'encourager et me soutenir et je crée les conditions les plus idéales possibles.
3. J'accepte le fait que cet arrêt du tabac va prendre un certain temps et que, pendant cette période, je devrai prendre soin de moi.

SEMAINE 2

J'AUDITE MA RELATION AVEC LA CIGARETTE

Introduction

« Se voir, se transformer, il n'y a pas de différence. »

— Édouard Louis

Vous venez de terminer la première étape de votre préparation à l'arrêt du tabac, bravo ! Cette première partie, comme je vous l'ai dit à plusieurs reprises, est vraiment cruciale pour la réussite de votre arrêt. Si vous n'aviez *que* votre motivation, solide comme un roc, vous n'auriez besoin de rien d'autre pour arrêter de fumer. Vous avanceriez vers votre but tel un bulldozer insensible aux intempéries. Mais tout le monde n'a pas cette force mentale. Et même si c'était le cas, border tous les points sensibles sera toujours bénéfique : ce sera une garantie supplémentaire de réussite de votre arrêt du tabac.

La motivation est primordiale donc, mais il n'y a pas que cela. Soyons sincères : faire sortir la cigarette de votre vie va être un chamboulement. Souvent, cette dernière vous accompagne depuis plusieurs années et vous avez créé des habitudes avec elle. Ne plus l'avoir va donc être perturbant. Je vous rassure : pour un temps seulement. **Et ce temps sera d'autant plus court que vous serez préparé.** De cette façon, vous anticiperez les moments difficiles et préparerez en amont votre plan d'action pour être ultra solide le jour où l'envie et/ou la tentation pointeront le bout de leur nez.

Dans ce deuxième chapitre, je vais donc vous guider pour vous aider à comprendre pourquoi vous fumez, et à déceler vos automatismes et vos conditionnements. Cela vous permettra dans la troisième partie de ce livre de choisir la ou les méthodes qui vous correspondent et qui vous aideront *vraiment*.

Ici plus que jamais votre carnet sera de la partie ! Il sera votre journal de bord, le support de vos réflexions et de votre analyse.

Vous êtes prêt ? Alors, démarrons cette deuxième étape !

JOUR 8
Je comprends comment la cigarette opère sur mon cerveau

Avant de rentrer dans l'analyse factuelle de votre relation à la cigarette, il me paraît très important que vous compreniez comment cette dernière agit sur votre cerveau. Au début de ce livre, je vous parlais de la détermination de Rocky Balboa, le célèbre boxeur créé et incarné par Sylvester Stallone. J'aime beaucoup ce personnage, alors je continuerai sur la métaphore de la boxe. Pour réussir un combat, vous devez analyser les techniques et le *modus operandi* de votre adversaire. C'est cela qui vous permettra d'anticiper les coups et de préparer votre défense. Pour l'arrêt du tabac, c'est exactement la même chose. Si vous comprenez comment la cigarette opère sur votre cerveau et votre corps, vous serez plus à même de préparer votre stratégie d'attaque et mettrez ainsi toutes les chances de votre côté pour la victoire !

La cigarette agit à deux niveaux dans votre cerveau. Au niveau de la zone de la récompense d'abord, mais aussi au niveau du cortex préfrontal. Rassurez-vous, je ne vais pas vous faire un cours d'anatomie, tout sera très compréhensible !

LA VÉRITÉ SUR LE POUVOIR ADDICTIF DE LA CIGARETTE

Je parle volontairement de la cigarette et non pas de la nicotine car, en réalité, ce à quoi vous êtes *addict* est la cigarette dans sa globalité. **La nicotine est un agent addictif qui pourrait s'apparenter à la caféine. Consommée seule, elle ne crée pas de dépendance. En revanche, boostée par d'autres produits, elle**

arrive au cerveau en shoot. Et c'est à cela que votre cerveau est accro : le shoot de nicotine.

L'industrie du tabac l'a vite compris et s'est attelée à faire en sorte que cette dernière arrive le plus vite possible au cerveau. En 1964, le vice-président de la recherche et du développement de British American Tobacco disait d'ailleurs : « Il n'y a aucun doute que l'effet psychoactif de la cigarette est dû à la concentration de nicotine qui passe dans la circulation sanguine et dépend de la quantité de nicotine présente dans la fumée et de la vitesse à laquelle elle est transférée dans la circulation sanguine. »

L'industrie du tabac a donc ajouté des produits à ses cigarettes pour :

- que la plus grosse quantité de nicotine possible passe dans le sang ;
- faire en sorte que, une fois dans le sang, cette dernière circule le plus vite possible jusqu'au cerveau.

Ces produits sont divers et variés. D'un côté se trouvent de véritables déchets comme le mercure, l'ammoniac et le cadmium. De l'autre, des produits qui semblent *a priori* inoffensifs (comme le sucre et le menthol) mais qui sont en réalité de puissants ennemis. L'industrie du tabac est ainsi parvenue à de spectaculaires résultats puisque la nicotine de la cigarette arrive au cerveau en 7 à 10 secondes. Pour que vous ayez un point de comparaison : la nicotine d'un patch arrive au cerveau en 30 minutes environ et un shoot en intraveineuse (d'héroïne, par exemple) arrive en 30 à 60 secondes. Imparable !

Maintenant, essayons de comprendre comment ces produits agissent. Cela vous permettra de mieux connaître votre cigarette et de mieux comprendre l'action de la nicotine sur votre corps.

COMMENT FAIRE ARRIVER LA NICOTINE PLUS VITE AU CERVEAU ?

Pour expliquer ce qu'a réalisé l'industrie du tabac pour atteindre les deux objectifs mentionnés plus haut, j'ai l'habitude d'utiliser l'image d'un péage. Imaginez une mutli-voies qui arrive sur un péage à deux bornes. Ça bouche ! Comment faire alors pour faciliter le flux et permettre à plus de voitures de passer ?

Augmenter le nombre de bornes pour faire passer plus de nicotine dans le sang

La nicotine passera d'autant plus vite dans le sang que la zone vascularisée avec laquelle elle sera en contact sera grande. Imaginez le péage : plus il y aura de portes, plus un grand nombre de voitures pourra passer. Pour la cigarette, c'est la même chose. Avant, la fumée ne s'inhalait pas, on la crapotait (c'est-à-dire qu'on la gardait dans la bouche). La nicotine passait donc dans le sang *via* la cavité buccale. Rapidement, l'industrie du tabac a voulu gagner en efficacité et a décidé de faire avaler la fumée à ses consommateurs. Pourquoi ? **Parce que les poumons, lorsqu'ils sont totalement dépliés, font la même taille qu'un terrain de tennis.** La surface vascularisée est donc incroyablement plus grande que celle de la bouche ! Seul problème : on ne pouvait pas avaler la fumée à cause de son pH. Qu'à cela ne tienne ! L'industrie du tabac a fait plancher ses chercheurs pour qu'ils trouvent une façon d'alcaliniser la fumée. C'est ainsi qu'ils ont ajouté – entre autres – du sucre. Le goût est alors devenu plus doux et la fumée « aspirable ». Mais l'industrie du tabac a également vite compris que plus le fumeur aspirerait profondément sa fumée, plus cette dernière entrerait en contact avec une grande partie de la zone respiratoire et donc une plus grande zone vascularisée. C'est ainsi que le menthol[1] a été incorporé aux cigarettes (et pas seulement

1. Pour protéger la santé des fumeurs, les cigarettes menthol sont interdites à la vente en France depuis mai 2020.

aux cigarettes menthol : à toutes les cigarettes !). Avec son pouvoir anesthésiant, il permettait au fumeur de tirer plus, sans tousser.

Malheureusement plus la fumée va en profondeur, plus elle abîme le corps dans des endroits qui seront difficilement atteignables pour être soignés. Mais ça, ce n'est pas le souci de l'industrie du tabac...

Augmenter le nombre de voies après le péage pour faire arriver la nicotine plus rapidement au cerveau

Pour continuer d'optimiser le parcours de la nicotine, l'industrie du tabac a ensuite ajouté des produits pour que, une fois cette dernière arrivée dans le sang, elle voyage le plus vite possible jusqu'au cerveau. Je vais vous raconter l'histoire de la marque Marlboro. Avant les années 1960, la marque était dédiée aux femmes et vivotait dans le bas du classement des parts de marché, autour de 5 %. Jusqu'au jour où, au début des années 1960, elle a été relancée avec une image à l'opposé de celle qu'elle avait jusque-là : le cow-boy. Finie la cigarette veillotte pour femme, place à la cigarette des hommes, des vrais. En très peu de temps, la marque a atteint la première place du classement (40 %) pour ne plus jamais la quitter. Cette publicité a fait le tour du monde et suffisait à justifier une telle ascension... pour les fumeurs. Pas pour les entreprises concurrentes de l'industrie du tabac qui n'ont pas été dupes : on ne gagne pas 35 % de parts de marché, si rapidement, uniquement avec un nouveau positionnement marketing ! Alors ces dernières ont analysé la nouvelle cigarette et se sont aperçues de la présence d'ammoniac, dont le pouvoir était justement d'augmenter la rapidité de transfert de la nicotine jusqu'au cerveau. Imaginez encore une fois le péage que je citais précédemment. Les propriétaires de la marque Marlboro, en plus d'ajouter des portes, avaient ajouté des voies. Ainsi, les fumeurs qui testaient la nouvelle Marlboro ne la rachetaient pas parce que l'image leur plaisait (enfin, pas uniquement !), ils la rachetaient surtout parce qu'elle était plus satisfaisante que les autres, parce qu'elle leur procurait le meilleur shoot. Vous imaginez bien que les industriels n'ont pas accepté cette situation. C'était déloyal ! Donc... ils ont copié leur concurrent en mettant à leur tour de l'ammoniac dans leurs cigarettes. Et peu importe si le produit est hautement toxique pour la santé de leurs consommateurs. Seules comptent les parts de marché !

L'ammoniac n'est qu'un exemple. De très nombreux autres produits ultra-toxiques ont été ajoutés au fil des années pour améliorer la vitesse d'absorption et de distribution de la nicotine.

En conclusion, aucun produit n'est ajouté dans la cigarette par hasard ou pour votre simple plaisir. Il a toujours comme objectif final de vous rendre plus dépendant car c'est cela qui vous fidélisera. La force de l'industrie du tabac est simplement de vous faire croire que ces nouveaux ingrédients ou que ces innovations vous feront vivre une meilleure expérience. Prenez le cas des cigarettes capsules qui sont restées sur le marché quelques années et qui ont fait un carton chez les jeunes. Et pour cause ! Elles avaient une capsule de menthe dans le filtre que l'on pouvait pincer quand on le souhaitait pour libérer le goût frais (en cours de cigarette ou à la fin pour une note finale de fraîcheur). Elles étaient donc extrêmement attrayantes... et addictives ! La stratégie de l'industrie était claire : ajouter toujours plus de menthe pour les raisons déjà mentionnées et capter les jeunes avec un système ludique.

La cigarette, une benne à ordures chimiques

La fumée de la cigarette compte 4 800 produits chimiques tous très toxiques.
En premier lieu, il y a les produits de la combustion : entre autres, le monoxyde de carbone (à l'origine des maladies cardio-vasculaires), les goudrons (à l'origine des cancers), les formaldéhydes. Mais il y a aussi le sucre (qui, brûlé, devient hautement toxique et qui, nous le verrons plus tard, joue un rôle majeur au niveau de la dépendance), le menthol, l'ammoniac, l'arsenic, le cadmium, le mercure, le

benzène, le pyrène, l'acétone, l'argon, le cyanure d'hydrogène, des phénols, de l'éthylène. Il y a également le polonium 210, un agent hautement radioactif qui, à raison d'un paquet de cigarettes par jour, a le même effet sur votre corps que 200 radios des poumons.
Sexy, vous dites ?

Et une fois la nicotine dans le cerveau, que se passe-t-il ?

La nicotine va aller se clipper sur des récepteurs dits « nicotiniques », placés dans la zone de la récompense, et ainsi créer de la dopamine. Exactement comme si nous faisions quelque chose qui nous maintient en vie : boire, manger, faire l'amour, etc. Fumer fait donc bien « plaisir ». Mais il y a une différence de taille entre ces différents comportements et la traduction chimique au niveau de notre cerveau.

Dans le cas d'une activité qui nous maintient en vie, le cerveau va produire de la dopamine, mais un agent régulateur va venir faire le tri pour ne garder que la juste quantité du neurotransmetteur. Son rôle : faire en sorte qu'il y ait juste ce qu'il faut de dopamine : « un petit plaisir et puis s'en va ! ». De cette façon, il nous évite de devenir *addict* au sexe, à la nourriture, etc. Avec la cigarette, c'est différent. Le sucre présent dans la fumée a pour fâcheuse particularité de bloquer cet agent régulateur. Conséquence : à chaque bouffée de cigarette, votre cerveau va être inondé de dopamine. Le shoot de plaisir sera donc énorme par rapport à ce qu'il a l'habitude d'avoir. Là où les problèmes arrivent, c'est que le cerveau n'aime pas gâcher. Donc pour capter toujours plus de dopamine, il va créer de nouveaux récepteurs. Et plus il y en aura, plus ils seront durs à rassasier. **C'est ici que la dépendance physique se créera et se développera.**

Sans compter que la cigarette ne produit pas que de la dopamine. Elle génère aussi de la sérotonine (l'hormone du calme et du bien-être) et de la noradrénaline (l'hormone de la vigilance et de la sélection attentive). Des neurotransmetteurs qui vont donc nous aider à décompresser dans des situations tendues ou bien nous booster... C'est à cause d'eux que le fumeur va commencer à utiliser la cigarette pour ce qu'elle n'est pas, un outil de mieux-être, et développer ainsi une dépendance psycho-comportementale.

Comprendre la dépendance psycho-comportementale

Le cerveau est un ordinateur surpuissant... mais flemmard : il veut automatiser le plus de choses possibles pour ne pas avoir à trop réfléchir. Donc, plus vous répéterez les mêmes associations, plus le cerveau les liera. C'est ce qu'on appelle un conditionnement. Et c'est ici qu'intervient le cortex préfrontal.

Je vous parlais de **Pavlov** dans le chapitre précédent. C'est un des trois types de conditionnements que l'on peut créer avec sa cigarette. À force d'associer un autre produit à la cigarette ou une situation bien spécifique, le cerveau lie les deux pour, au final, créer une envie irrésistible de fumer à la simple vue de l'autre produit ou en vivant l'instant x. Les produits associés les plus connus sont le café et l'alcool. Les instants associés sont divers : fumer au téléphone, faire toujours le même trajet en fumant, fumer systématiquement lorsque l'on est avec une certaine personne, fumer après le repas, etc. Pour créer un conditionnement, il faut que l'association soit systématique, que ce soit un rituel, un réflexe, un geste machinal. Nous verrons dans le troisième chapitre comment vous défaire de ce type de conditionnements.

Le deuxième type de conditionnement est celui qui pousse la plupart des jeunes à essayer le tabac et à vouloir l'adopter coûte que coûte : c'est **l'apprentissage social**. On se réfère à des modèles auxquels on veut ressembler, des modèles qui peuvent être réels (ses parents, des élèves influents au collège, des acteurs...) ou symboliques (des personnages de films, etc.). À force de les imiter, on va créer une dépendance et des schémas de pensée qui vont s'ancrer dans notre inconscient comme par exemple : « Fumer, c'est être cool. »

Enfin, il se peut que vous fumiez pour obtenir un **mieux-être**. Par rapport à une situation qui va bien – c'est la cerise sur le gâteau : la cigarette qui vous aide à aller encore mieux et, pourquoi pas, à vous récompenser –, ou par rapport à une situation qui ne va pas – vous êtes stressé, vous n'arrivez pas à vous concentrer, vous vous ennuyez, vous êtes triste, etc. La cigarette est alors un outil de mieux-être et/ou une béquille, un doudou.

Pour vous défaire de cette dépendance, il vous faudra désamorcer ces conditionnements après les avoir au préalable identifiés, ce qui peut demander un peu de temps ! Raison de plus pour bien traiter votre dépendance physique en premier lieu et ne pas ressentir le manque. Ainsi, vous serez plus serein et vous pourrez vous concentrer à 200 % sur votre travail de déconditionnement.

* * *

Vous l'aurez compris, pour mettre toutes les chances de votre côté, il est important d'être méthodique et d'agir par étapes. Commençons donc par nous pencher sur votre consommation de cigarettes afin de déceler une éventuelle dépendance physique.

JOUR 9

Suis-je dépendant physiquement à la cigarette ?

Il y a des signes qui ne trompent pas. Des signes désagréables qui révèlent ce qui se trame dans votre cerveau. Il se peut même que ces signaux soient si fréquents que vous les ayez intégrés comme faisant partie de votre vie, peut-être même comme étant le signe de votre caractère.

Vous reconnaissez-vous dans ces témoignages ?

« Moi, je suis gentille mais il ne faut pas me chercher. Ça peut partir très vite ! » – Léa

« Ne me parlez pas le matin, je suis d'une humeur de chien ! » – Jérôme

« Je ne dirais pas que je suis dépressive mais je suis très très sensible » – Adèle

« Je suis une pile électrique, je ne peux pas rester en place deux minutes... » – Karim

Alors oui, c'est vrai, nous naissons tous avec des caractères différents, plus ou moins « forts ». **Mais notre caractère, heureusement, n'est pas figé dans le temps. Il évoluera en fonction de notre éducation, de ce que nous vivons mais aussi de ce que nous faisons... comme fumer.** Car oui, comme je vous l'expliquais hier, nous naissons tous avec une quantité plus ou moins fixe de récepteurs dits « nicotiniques » qui va augmenter avec la consommation de tabac. En fumant, vous allez créer de nouveaux récepteurs qui seront d'autant plus difficiles à rassasier qu'ils seront nombreux. Ce qui arrivera inexorablement[2] puisque la cigarette est conçue dans ce but : vous rendre de plus en plus dépendant…

J'aime représenter ces récepteurs par des bulldogs. Plus vous fumerez (en quantité et/ou depuis longtemps), plus vous aurez de bulldogs. Tant que ces chiens seront rassasiés en nicotine, ils seront calmes et resteront dans leur niche. Mais dès que la faim commencera à se faire sentir, ils commenceront à grogner. **Ces grognements sont les symptômes de manque physique : agitation, anxiété, irritabilité, moral dans les chaussettes, troubles de la concentration et du sommeil, fringales.** Ils seront d'autant plus forts et fréquents que ces bulldogs seront nombreux.

Si vous vous reconnaissez à la lecture de ces signes, percevez-vous l'excellente nouvelle que je suis en train de vous annoncer ? **Il est possible que vos années de tabagisme aient eu une incidence considérable sur votre tempérament et qu'en arrêtant de fumer vous améliorez en profondeur votre humeur – et donc votre vie !**

Témoignage de Valérie

J'avais toujours mes cigarettes sur moi, toujours… sauf que, parfois, ça m'arrivait de les oublier. Et là, c'était le stress ! Je me mettais à chercher partout : dans la poche du sac à main ou du manteau que je portais la veille et que je n'avais pas choisi de porter ce jour-là… C'était typiquement le genre de journée où, comme par hasard, je ne trouvais pas de tabac ouvert, et alors je paniquais. Le cœur serré, j'étais capable de

2. Sauf si vous faites partie des 6,4 % de fumeurs dits « occasionnels » qui ont donc la chance d'avoir un cerveau qui n'est pas accro à la nicotine (source : Pasquereau A, Andler R, Arwidson P, Guignard R, Nguyen-Thanh V. *Consommation de tabac parmi les adultes :* « bilan de cinq années de programme national contre le tabagisme, 2014-2019 », in : *Bull Epidémiol Hebd.*, 2020 ; (14) : 273-81. http://beh.santepubliquefrance.fr/beh/2020/14/2020_14_1.html)

faire des kilomètres ou, pire, d'aller frapper chez mon voisin pour lui supplier de me donner une petite cigarette. Quelle honte... et avec le recul : quel enfer !

COMMENT SAVOIR SI JE SUIS DÉPENDANT PHYSIQUEMENT À LA CIGARETTE ?

Pour commencer, analysez votre humeur sur une journée et repensez à ce que disent vos proches de vous en général. Cela vous donnera déjà une piste ! Pour vous aider, j'ai fait une liste de traits de caractère qui vous aideront à y voir plus clair :

Consciencieux, méthodique, efficace	Étourdi, brouillon
Calme, doux	Speed, agité
Résistant au stress, patient, placide	Irritable, soupe au lait, impatient, à fleur de peau
Modéré	Excessif (sujet à la compulsion)

Si vous vous reconnaissez dans la colonne de droite, dites-vous que tout ça n'est peut-être pas une fatalité mais simplement le résultat de votre addiction au tabac !

Mais comment savoir si ces traits de caractère sont dus à la cigarette ou à votre nature profonde ? Commencez par regarder votre consommation de cigarettes sur une journée type. On estime que la moitié de la nicotine prise avec une cigarette disparaît en 2 à 3 heures. C'est généralement à partir de là que les symptômes du manque apparaissent et que vous commencez à vous transformer en incroyable Hulk. La vie n'est généralement pas trop contraignante donc au moindre petit signe envoyé par votre cerveau, vous répondez généralement par une cigarette. Il est aussi fort probable que parfois, vous n'attendiez même pas le signe de manque et que vous fumiez une cigarette par réflexe, pour ponctuer vos journées (ce sont les fameuses cigarettes comportementales) ou pour accompagner vos émotions (ce sont les cigarettes psychologiques). Il est donc très important de regarder cigarette par cigarette les raisons qui vous ont fait les allumer.

C'est l'heure de ressortir votre carnet ! À partir de maintenant et durant les prochaines vingt-quatre heures, vous allez analyser votre consommation de cigarettes : à quelle heure les avez-vous allumées, pour quelle(s) raison(s), quels ont été les symptômes dans votre corps et enfin comment avez-vous fumé (avez-vous tiré fort ou légèrement) ?

L'EXEMPLE DE LÉA

Léa, c'est la fameuse gentille du témoignage que je vous citais plus haut. Elle est gentille donc, mais il ne faut pas la chatouiller, surtout pas le matin ! Quand elle se réveille, vers 7 heures, tout suit un ordre bien précis et en silence, s'il vous plaît. Elle enfile ses chaussons, va dans sa cuisine, allume la machine à café, se prépare une tartine, la mange pensive, se sert son bol de café et file sur sa terrasse pour allumer sa première cigarette. Il est 7 h 20. Le nuage s'estompe petit à petit. À 7 h 30, elle commence à se sentir bien. La journée continue : elle quitte sa terrasse, saute sous la douche, s'habille, se maquille, prend ses affaires et claque la porte, direction le travail. Sur le chemin du métro, elle fume une deuxième cigarette. Il est 8 h 15. En sortant du métro, elle a cinq minutes pour fumer une troisième cigarette. Elle est parée pour la matinée ! Pendant trois heures, elle travaille sans discontinuer. Elle enchaîne les cafés. Elle est super efficace. Comme tous les matins. À 11 h 30, le besoin de pause se fait sentir. Ça tombe bien, ses collègues passent par là, ils vont fumer. Elle saute sur l'occasion et descend avec eux. Après cette quatrième cigarette, elle se sent reboostée. Elle retourne travailler, dernière ligne droite avant le déjeuner. À 13 heures, la faim la tiraille, elle commence à se sentir fatiguée, elle est un peu tendue. Sur la route du self d'entreprise, comme tous les jours, elle s'arrête fumer une cigarette. Une heure plus tard, avant de retourner travailler, elle fume une cigarette avec son café et ses collègues. C'est son petit plaisir. L'après-midi est studieux. Elle fait une pause à 16 heures pour respirer un peu, la cigarette l'apaise. Elle peut retourner terminer sa journée sereinement. À 18 h 30, elle éteint son ordinateur et file attendre son bus. Sur la route, elle fume une cigarette. Elle est très agréable. Non seulement elle lui fait du bien mais elle marque aussi ce moment de bascule entre sa vie professionnelle et sa vie personnelle. La soirée s'enchaîne sur un mode assez ritualisé. Un peu comme le matin. Elle rentre, enfile son pyjama, va sur son balcon pour fumer une cigarette, prépare son repas et dîne tranquillement devant les infos. À 21 heures, une fois son repas terminé et avant d'enchaîner avec sa super série, elle fume une cigarette sur son balcon. À 22 h 30, avant d'aller se coucher, elle fume une dernière cigarette. Elle se brosse les dents et saute dans son lit. Léa fume donc en moyenne 11 cigarettes par jour (quand ses journées se passent normalement, c'est-à-dire sans imprévu et sans stress et qu'elle ne sort pas avec ses amis le soir). Elle a analysé sa consommation, ainsi que la façon dont elle inhale la fumée, car cela peut dire beaucoup sur son niveau d'addiction physique potentielle.

N°	Heure	Causes	Niveau d'aspiration
1	7 h 20	Besoin	+++
2	8 h	Besoin, habitudes	++
3	9 h	Besoin, se lancer avant de commencer sa journée de travail	++
4	11 h	Pause, envie	+
5	13 h	Besoin, calmer la faim pour ne pas trop manger à table !	+
6	14 h	Moment de convivialité avec les collègues	-
7	16 h	Pause, envie	+
8	18 h 30	Besoin, retour à sa vie personnelle	++
9	19 h 30	Rituel	-
10	21 h	Rituel, marquer le début de la soirée	-
11	22 h 30	Prendre sa dose avant la nuit !	-

Ce que nous dit cette analyse, c'est que Léa fume très rapidement après son réveil, à un rythme plus soutenu le matin que l'après-midi, et que le fait de ne pas fumer pendant plus de deux heures est source de tension interne ou de sentiment de perte d'efficacité. Tous ces points sont le signe d'une dépendance physique.

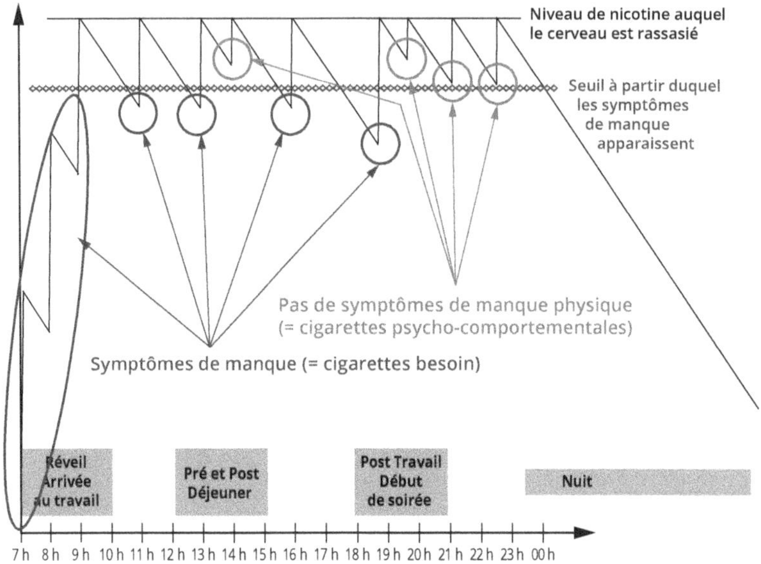

Les signes qui doivent attirer mon attention

- Fumer rapidement après le réveil (dans les 30 minutes).
- Fumer plus le matin que l'après-midi.
- Fumer plus fort/plus vite quand la dernière cigarette date de plus de 2 heures et que cela s'accompagne de changement d'humeur ou de troubles de la concentration.
- Et évidemment, fumer une quantité fixe de cigarettes, à un rythme régulier.

Après analyse du récit de Léa, on peut dire qu'elle fume sept cigarettes besoin. Les autres sont des cigarettes habitudes qui, si elle attendait un peu avant de les fumer, deviendraient à coup sûr des cigarettes besoin.

C'est à vous !

À votre tour de faire l'analyse de votre journée type :

N°	Heure	Causes	Niveau d'aspiration

Analysez au bout de combien de temps après une cigarette vous commencez à ressentir des symptômes de manque, cela vous aidera à réaliser votre propre schéma.

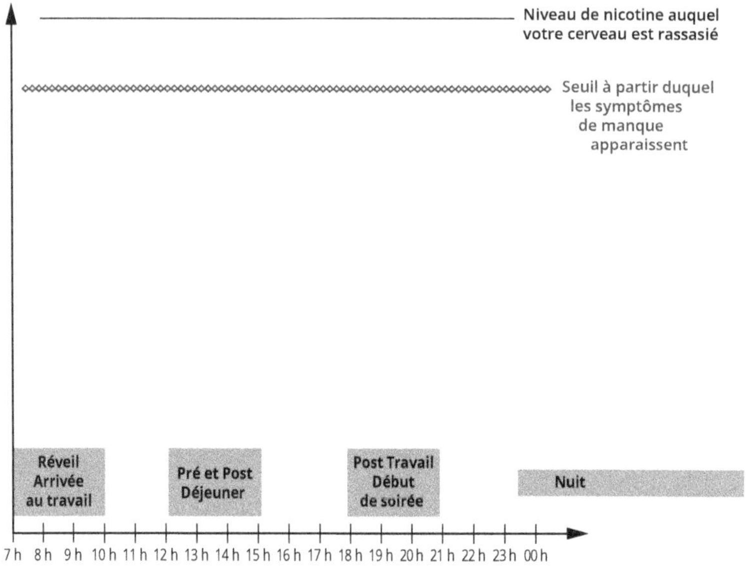

Que concluez-vous de ce travail ?

Cas de figure n° 1 : vous n'avez que des cigarettes « psycho-comportementales ».

Vous ne ressentez jamais de symptôme de manque, vous ne fumez jamais le matin et d'ailleurs vous fumez peu (moins que Léa en tout cas !). Vous n'avez donc pas de dépendance physique à la cigarette. Pour le confirmer, je vous invite à faire le test de dépendance à la cigarette de Fagerström ci-après.

Cas de figure n° 2 : finalement, toutes vos cigarettes sont des cigarettes « besoin ».

Pas de panique, vous êtes sans doute très dépendant physiquement à la cigarette et il y a des outils qui vous aideront à arrêter de fumer dans le confort. Nous les verrons en jour 16. Faites le test de dépendance à la cigarette de Fagerström ci-dessous pour valider votre autodiagnostic.

Cas de figure n° 3 : vos journées ressemblent à celles de Léa et vous aussi vous fumez à la fois des cigarettes par besoin mais aussi par habitude.

Pour « doser » votre dépendance, je vous invite à faire le test de dépendance à la cigarette de Fagerström ci-dessous. Il vous dira à quel point vous êtes dépendant physiquement et vous permettra de choisir le bon outil en jour 16 !

C'est (encore) à vous !

Test de dépendance à la cigarette de Fagerström

1. Le matin, combien de temps après vous être réveillé fumez-vous votre première cigarette ?

– Dans les 5 minutes	3 points
– 6 à 30 minutes	2 points
– 31 à 60 minutes	1 point
– Plus de 60 minutes	0 point

2. Combien de cigarettes fumez-vous par jour, en moyenne ?[3]

– 10 ou moins	0 point
– 11 à 20	1 point
– 21 à 30	2 points
– 31 ou plus	3 points

3. Multipliez le nombre de cigarettes fumées par 2 si vous fumez des cigarettes roulées ou mentholées, par 3 si vous fumez des cigarillos, comptez 5 cigarettes par joint fumé et 1 cigarette par bouffée de chicha (je vous expliquerai tout en jour 16).

3. Fumez-vous à intervalles plus rapprochés durant les premières heures de la matinée que durant le reste de la journée ?

– Oui	1 point
– Non	0 point

4. À quelle cigarette renonceriez-vous le plus difficilement ?

– À la première de la journée	1 point
– À une autre	0 point

5. Trouvez-vous qu'il est difficile de vous abstenir de fumer dans les endroits où c'est interdit (longs voyages, cinémas, etc.) ?

– Oui	1 point
– Non	0 point

6. Fumez-vous lorsque vous êtes malade au point de rester au lit presque toute la journée ?

– Oui	1 point
– Non	0 point

Interprétation :
Total de 0 : dépendance physique inexistante.
Total de 1 ou 2 : dépendance physique très faible.
Total de 3, 4 ou 5 : dépendance physique moyenne.
Total de 6 ou 7 : dépendance physique forte.
Total de 8, 9 ou 10 : dépendance physique très forte.

Léa n'a pas de problème pour ne pas fumer pendant des périodes de deux ou trois heures et elle ne fume pas quand elle est clouée au lit. Elle a donc un score de 5, ce qui correspond à une dépendance moyenne. Quand elle arrêtera de fumer, elle ressentira donc très probablement des symptômes de manque. Sauf si elle prend de la nicotine de substitution ! Dans ce cas-là, comme ses récepteurs nicotiniques seront toujours comblés, elle ne ressentira jamais de manque. Elle passera sa journée dans le vert, elle sera zen. Sa vraie nature quoi !

Et vous, où vous situez-vous ?

Si vous obtenez un score supérieur à 4, alors il est fort probable que vous ressentiez des symptômes de manque en arrêtant de fumer. Dans ce cas-là, la nicotine de substitution vous sera recommandée. *(Si vous le souhaitez, vous pouvez faire un bond en avant dans le livre et vous rendre en jour 16 pour voir comment traiter cette dépendance physique. Mais revenez en jour 9 tout de suite après, car le travail d'identification de votre profil est loin d'être terminé !).*

Vous avez moins de 4 : Vous êtes déjà zen, magnifique ! Pas de symptômes de manque à l'horizon, donc pas besoin de substitution.

***

Maintenant attelons-nous à votre dépendance psycho-comportementale. Comme nous l'avons vu, elle peut prendre de multiples formes. Donc, pour bien comprendre la relation que vous entretenez avec elle, il va falloir scruter vos habitudes tel un détective !

JOUR 10

Je traque mes cigarettes pop-up

La routine fait les gros titres des journaux : « Cette année, fini la routine, je sors de ma zone de confort ! » ou « Couples : comment éviter la routine ? ». À les lire, la routine, c'est la monotonie, l'absence d'esprit d'aventure, l'ennui… En résumé : c'est le mal. Mais qu'est-ce que la routine ? Est-ce vraiment quelque chose contre lequel nous devons lutter ou, à l'inverse, est-ce quelque chose qui nous est utile ? Et la cigarette là-dedans : à quel point s'est-elle immiscée dans votre vie au point d'être devenue une habitude ?

LA ROUTINE EST-ELLE BONNE POUR NOTRE CERVEAU ?

Comme le dit le Larousse, la routine, c'est une « habitude mécanique, irréfléchie, qui résulte d'une succession d'actions répétées sans cesse ». D'actions répétées sans cesse, mécaniques, irréfléchies. Que ces mots sont intéressants ! Répéter des comportements nous transforme donc littéralement en robots et nous fait perdre le contrôle. **Nous sommes comme piqués par un parasite qui prend possession de nos mouvements.** On imagine alors aisément que se défaire de ces mécanismes nous demandera du temps – voire un effort ! Mais avant de réfléchir à cela, la question est : ces habitudes sont-elles dangereuses pour notre cerveau ?

Comme je vous l'expliquais précédemment, la mission principale du cerveau est de nous protéger. Il doit être en vigilance permanente et toujours se tenir prêt à réagir en cas de danger. Il n'a donc pas le temps de philosopher à chaque fois qu'une prise de décision s'impose ! Son objectif est de vous faciliter la tâche pour faciliter la sienne et, croyez-moi, c'est un très beau cadeau qu'il vous fait. Le matin, par exemple, quand vous vous préparez, vous êtes en pilote automatique, vous avez vos habitudes. Cette routine du matin vous permet de ne pas être scotché à votre montre, de ne pas stresser et de faire les choses au bon moment de façon fluide. Vous savez exactement à quelle heure sauter du lit, à quel moment partir et quel chemin emprunter pour aller travailler. C'est une économie d'énergie considérable. Vous est-il déjà arrivé de devoir vous déplacer dans une autre ville ou un autre pays pour le travail ? Quel stress ! Il faut réfléchir au trajet que l'on va emprunter, anticiper d'éventuels problèmes de transport, régler son réveil à la bonne heure, préparer ses affaires, faire son sac… et souvent passer une nuit agitée. Imaginez que vous deviez revivre ça tous les soirs et tous les matins ? Vous seriez épuisé et vous iriez très certainement vous coucher à 17 heures. Vous pouvez donc remercier votre cerveau !

Le hic, c'est qu'il ne fait pas la part des choses entre les routines utiles à votre survie et les routines inutiles, voire nuisibles. Et répéter sans cesse les mêmes comportements vous enfermera peu à peu dans une zone dite « de confort » qui nuira à sa bonne santé. Certes, cet endroit est chaud, rassurant et réconfortant (comme votre pyjama en pilou-pilou que vous mettez lorsque vous regardez la télévision le soir emmitouflé sur votre canapé). Mais imaginez-vous passer votre week-end entier dans cette position et cette tenue ? Vous vous encrasseriez. Votre corps a besoin de remuer, vous vous souvenez ? Nous en avons parlé dans la première partie de ce livre. L'exercice physique permet d'oxygéner votre corps et de le nettoyer. Eh bien pour votre cerveau, c'est la même chose. Plus vous répéterez les mêmes actions, les mêmes schémas, plus votre cerveau automatisera ces comportements et renforcera certaines de ses parties aux dépens d'autres. Et ces zones « en friche » participeront à l'encrassement de votre cerveau (voire de votre corps si cette habitude est toxique… vous voyez où je veux en venir !).

Moralité : pour garder votre cerveau en bonne santé et actif, forcez-vous à sortir de votre zone de confort. Attention, je ne vous parle pas (encore) de casser vos mauvaises habitudes liées au tabac, non, c'est un sujet trop complexe pour être traité en un paragraphe. **Pour l'instant, je vous demande juste de traquer ce qui est routinier dans votre vie alors que cela ne devrait pas l'être. De reprendre le contrôle, d'arrêter de vous laisser guider par la facilité, de tenter de nouvelles choses, pourquoi pas pour la première fois.** Demain, par exemple, alors que vos collègues viendront vous chercher pour aller déjeuner dans le restaurant où vous allez très souvent, sortez des sentiers battus et proposez-leur ce nouvel endroit qui vient d'ouvrir, ou commandez un plat différent de celui que vous prenez d'habitude (halte à la pizza quatre fromages, vive la nouveauté !). Cela peut vous paraître léger mais vous ne soupçonnez pas l'effet positif que ces petits changements auront sur votre cerveau et donc sur votre vie. Titillez-le, perturbez-le et, au fur et à mesure, il gagnera en souplesse et en vitalité.

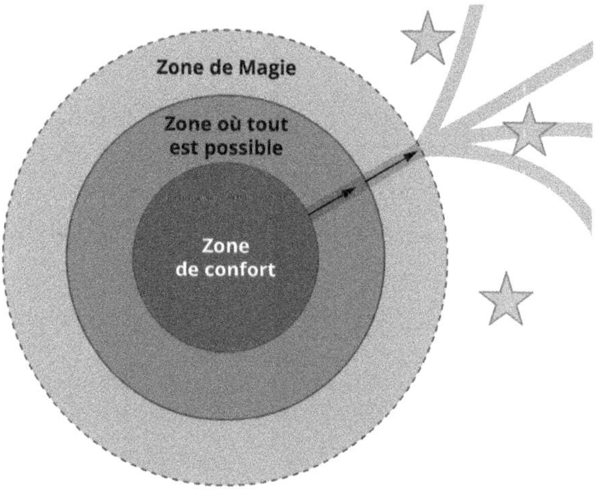

Je vous entends vous demander pourquoi je vous fais des recommandations qui, *a priori*, n'ont rien à voir avec la cigarette. Vous avez raison de vous interroger mais, rassurez-vous, je n'aborde aucun sujet par hasard ! La vérité, c'est que la cigarette s'est immiscée partout dans votre vie et qu'elle ne se laissera pas déloger en un claquement de doigt. **Alors plus tôt vous commencerez à entraîner votre cerveau à la nouveauté, plus vite il acceptera d'oublier la cigarette !**

À vous maintenant ! Où allez-vous pouvoir mettre de la nouveauté dans votre vie ?

Exemples de petits changements à distiller dans votre vie

- Prendre un nouveau chemin pour aller travailler.
- Changer de magasin pour faire mes courses.
- Tester de nouveaux produits quand je fais mes courses.
- Essayer un nouveau plat dans mon restaurant favori.
- Tester un restaurant avec des spécialités culinaires que je ne connais pas.
- Boire mon café ou mon thé du matin à un autre endroit (une autre pièce et pourquoi pas le café en bas de chez moi ?)
- Changer la disposition des meubles dans mon salon.
- Lire un livre d'un genre différent (roman policier, biographique, historique, BD…).
- Changer de style de film ou de série.

Pendant que vous mettez de la magie dans votre vie, commençons à regarder où vous avez créé des routines avec la cigarette. Comme je vous le disais hier et comme vous avez dû vous en rendre compte en analysant votre consommation de cigarettes sur une journée type, vous fumez très certainement à heures plus ou moins fixes, tous les jours, et une quantité de cigarettes plus ou moins identique. La cigarette s'est donc invitée dans de nombreux moments de votre vie. C'est là que la difficulté arrive, car **il va falloir faire le tri dans ces différentes cigarettes pour pouvoir les attaquer correctement !**

J'IDENTIFIE MES CIGARETTES POP-UP

Comment se passe l'appel de la cigarette pour vous ? Pour moi c'était un petit pop-up qui s'affichait dans mon cerveau. Une petite ampoule qui s'allumait et qui me disait : « *Allez hop, petite cigarette !* » Et comme je n'avais aucune intention de me battre avec mon cerveau, je cédais toujours à ses demandes. C'est souvent comme ça que cela se passe d'ailleurs : le cerveau demande, et nous disposons. Je n'étais pas un cas isolé et je vous rassure tout de suite, quel que soit votre profil de fumeur, vous n'en serez pas un non plus !

L'appel du cerveau peut venir de plusieurs endroits :

1. de la zone de la récompense d'abord : dans ce cas, c'est le besoin de cigarette qui vous parle, le manque de nicotine, les bulldogs (voir jour précédent) ;
2. du cortex préfrontal : dans ce cas, **c'est votre cerveau qui est habitué à avoir une cigarette à heure fixe qui vous rappelle que le moment est venu.** Si je reste sur la métaphore du chien, ici rien à voir avec les bulldogs : c'est un petit caniche mignon, doux et câlin mais tellement collant ! C'est ce chien qui, quand vous êtes en train de lire un livre, vient systématiquement vous pousser la jambe avec son museau pour vous demander d'aller jouer avec lui. Vous voyez ? Si vous ne répondez pas à ses demandes, il ne va pas vous mordre, il finira par comprendre, mais il faudra être patient !

Si la journée d'hier vous a permis d'identifier que vous aviez une dépendance physique à la cigarette alors il y a fort à parier que, chez vous, les deux demandes se produisent en même temps. L'ampoule sera alors littéralement éblouissante et **l'envie de fumer sera féroce, irrépressible. C'est ce que l'on appelle le *craving*** : le bulldog et le caniche agissent de concert. Cette envie ne part pas car elle est avant tout physique. C'est cela qui la rend oppressante. La première des choses à faire est donc (et cela confirme ce que je vous disais hier) de traiter la dépendance physique d'abord. En prenant de la nicotine de substitution, vous annulerez les grognements des bulldogs qui iront se coucher. Vos envies pop-up ne seront dès lors plus que comportementales, donc beaucoup plus douces et surtout **passagères**. Car oui, c'est le bon côté des envies comportementales : elles disparaissent toutes en quelques minutes. Et autre bonne nouvelle (décidément !) : leur intensité et leur fréquence s'espaceront d'autant plus vite que vous ne répondrez *plus jamais* aux demandes de votre cerveau. Au début, elles dureront 5 minutes en moyenne, et rapidement elles passeront à 4, puis 3, puis 2, puis 1 puis... plus rien.

Les premières semaines sans tabac seront donc les plus difficiles. Le cerveau aura en mémoire vos cigarettes fixes et sonnera l'alarme aux heures dites. Il faudra donc s'armer de patience et opter pour des stratégies de diversion pour faire passer ces envies plus vite. Car, de la même façon que vous détacher d'une douleur la rend plus tolérable, faire autre chose dès que l'envie de cigarette arrivera vous aidera à vous déconnecter d'elle, ce qui la rendra plus douce.

Exemples de choses à faire pour faire passer une envie comportementale plus vite

- Vous mettre en mouvement : vous lever, marcher, regarder par la fenêtre.
- Boire un verre d'eau.
- Vous concentrer sur votre respiration.
- Vous recoiffer, vous remaquiller.
- Faire quelques exercices de gym. Par exemple : 20 pompes, 20 squats, 20 fentes, 20 tours de corde à sauter, et pourquoi pas 20 *burpies* (pour les envies très fortes !)
- Lire quelques pages d'un livre.
- Consulter votre appli d'aide à l'arrêt du tabac.
- Vous connecter à instagram pour lire des posts motivants.
- Ouvrir votre carnet de bord à la page de vos bonnes raisons.
- Écouter de la musique et chanter à tue-tête (très efficace en voiture !)

NB : Dans ces occasions, évitez tant que possible de grignoter. Vous ne prendrez ainsi pas de poids inutilement.

C'est à vous !

Situation	Stratégie
Ex. : fumer à la fin du dîner.	Ex. : me lever tout de suite pour débarrasser et ranger.
....	....
....	....
....	....
....	....
....	....

Je vous conseille de noter ces stratégies de diversion dans votre carnet ! Comme ça dès qu'une envie surgira, vous les aurez sous la main et vous saurez tout de suite quoi faire.)

Continuons l'exploration de votre relation à la cigarette !

JOUR 11
J'identifie mes cigarettes Pavlov

Nous l'avons vu, il y a plusieurs facteurs qui peuvent vous donner une envie folle de fumer. Parmi eux, et en premier lieu, le manque de nicotine bien sûr. En deuxième lieu, la mémoire de votre cerveau qui était habitué à avoir ses cigarettes à heures plus ou moins fixes et qui sonne tel un réveil. Aujourd'hui, nous allons déceler un troisième facteur : les associations inconscientes. Ces dernières créent des cigarettes comportementales que j'appellerai à partir de maintenant les « cigarettes Pavlov ». Ces cigarettes sont celles que vous fumez de façon automatique après avoir reçu un stimulus. Tous les fumeurs ne sont pas concernés et, heureusement, il existe des solutions pour vous aider à vous en défaire plus vite. Mais d'abord il s'agit de les identifier !

MES ENVIES IRREPRESSIBLES DE FUMER

Vous allez peut-être avoir le sentiment que plus le travail d'analyse avance, plus il est difficile d'identifier nettement les différentes cigarettes. Et c'est normal, car les situations se mélangent ! Par exemple, quand on ne prend pas de nicotine de substitution, il est très difficile de faire la différence entre une cigarette besoin et une cigarette pop-up.

Ici, c'est la même chose et c'est même pire car la cigarette Pavlov peut surgir en même temps qu'une cigarette besoin ou qu'une cigarette pop-up. Pour illustrer la situation, imaginez que la cigarette Pavlov soit un troisième chien. Quelle pagaille !

Comment faire pour les reconnaître alors ? C'est simple : **nous allons traquer les éléments déclencheurs.**

Les stimuli qui déclenchent de furieuses envies de fumer font appel à vos sens : le goût, le toucher, la vue, l'odorat et l'ouïe (ce dernier sens est plus rare concernant la cigarette). Et là où les choses se compliquent, c'est que ces liens peuvent être lointains, voire de deuxième niveau, ce qui rend leur identification encore plus difficile.

Prenons l'exemple d'une cigarette Pavlov très fréquente : la cigarette-alcool. Cette association est très vicieuse car elle agit à plusieurs niveaux. Sur le plan physique déjà, parce que l'alcool est un produit addictif comme le tabac et qu'il agit au même niveau du cerveau que la nicotine. Donc fumer donne envie de boire et boire donne envie de fumer. Aie ! Si vous êtes un fumeur régulier (c'est-à-dire que vous fumez tous les jours et tout au long de la journée un nombre plus ou moins fixe de cigarettes), j'imagine (et j'espère) que vous ne buvez pas de l'alcool à chaque cigarette. En revanche, il y a fort à parier que vous fumez à chaque fois que vous buvez de l'alcool. Réfléchissez-y. Si c'est le cas, le fait que cette association soit systématique a créé une cigarette Pavlov. C'est aussi souvent le cas des fumeurs occasionnels. Par occasionnel, j'entends le fait de fumer une quantité non fixe de cigarettes et pas tous les jours. Cette consommation résulte généralement d'un contexte (cigarettes psychologiques que nous verrons dans les prochains jours) mais aussi de cigarettes Pavlov comme l'association à l'alcool. **Combien de personnes ai-je rencontrées qui ne fument que dans des moments de convivialité. Quand je leur demande ce qui caractérise ces moments, l'alcool est presque toujours présent.** Consommer de l'alcool peut donc vous donner une envie automatique et féroce de fumer. Mais pas que. Il est également prouvé aujourd'hui que sa simple vue peut donner envie de fumer. Et quand je parle de « simple vue », je parle de vue de l'alcool sous toutes ses formes : réelle – un verre de vin sur une table, un bar apparent chez soi ou une bouteille de bière qui traîne dans son frigo –, mais aussi figurée – une publicité pour de l'alcool dans la rue. Pourquoi ? Tout simplement parce que votre cerveau associe en cascades et qu'il est très facile pour lui de faire le lien entre une photo d'alcool (qui plus est, mis en avant dans une publicité avec un univers bien spécifique, une notion de convivialité, de goût riche... bref du marketing), le plaisir que cela pourrait lui procurer, le fait de le consommer et... d'y associer une cigarette. Donc, pour dénicher ces cigarettes Pavlov, il va peut-être falloir creuser loin ! Mais ça ne vous fait pas peur, n'est-ce pas ?

Pour limiter les risques pour sa santé, il est recommandé de ne pas boire plus de 2 verres d'alcool par jour, pas tous les jours, et dans la limite de 10 verres par semaine. Si vous avez le sentiment de perdre le contrôle de votre consommation, n'hésitez pas à prendre contact avec des structures spécialisées qui sauront répondre à vos questions et/ou vous accompagner si nécessaire. Le site Alcool Info Service (www.alcool-info-service.fr) vous donne toutes les informations nécessaires.

Et rappelez-vous que toutes les envies comportementales (c'est-à-dire toutes celles qui ne sont pas physiques) finissent par passer au bout de quelques minutes si l'on n'y répond pas. Le travail que je vous propose de faire ici a pour but d'accélérer le déconditionnement, qui se fera automatiquement à partir du moment où vous ne fumerez plus.

Sortez votre carnet de bord et mettez-vous dans la peau d'un détective. Scrutez vos consommations puis faites le tri. Une fois les cigarettes besoin et les cigarettes pop-up exclues, quelles sont les cigarettes automatiques restantes ? Tel le tintement de la cloche qui fait saliver le chien, ces stimuli doivent déclencher en vous une furieuse envie de fumer. Alors traquez les envies impérieuses ! Ce sont elles qui vous permettront de mettre à jour vos conditionnements et, une fois que cela sera fait, de les attaquer.

Voilà, pour vous aider dans votre réflexion, une liste des stimuli les plus connus qui peuvent déclencher une envie automatique de fumer :

1. **Consommer un autre produit :**
   Comme par exemple le café ou l'alcool. Comme je vous le disais à l'instant, si le deuxième produit est également addictif, alors le lien sera d'autant plus fort entre les deux produits.

J'ARRÊTE ENFIN DE FUMER

Témoignage de Julien

La difficulté, c'est d'être persévérant (arrêter, c'est une course de fond) et de bien identifier les situations à risque. Pour moi, ce n'est pas le stress du boulot, ni le fait d'avoir des fumeurs à côté de moi. En revanche, chaque soirée où il y aura de l'alcool, je dois et devrai faire attention. Cela fait presque un an que j'ai arrêté de fumer, et ces soirées alcoolisées me semblent de moins en moins propices à une rechute. Mais ce n'est peut-être qu'une impression... La cigarette est une diablesse.

2. **À l'occasion ou à l'issue d'une autre activité :**
   Le fait de fumer systématiquement dans certaines conditions crée un conditionnement. Par exemple en rentrant dans votre voiture, en décrochant votre téléphone, après avoir fait l'amour.

3. **Voir une cigarette, un paquet de cigarettes ou quelqu'un fumer :**
   Ce peut être dans la réalité (voir quelqu'un fumer devant vous) ou virtuellement (dans un film, sur une photo, une illustration...). À votre avis, pourquoi l'industrie du tabac finance-t-elle l'industrie du film ? Déjà parce que cela permet d'ancrer des associations dans le cerveau de ses clients existants ou futurs (cigarette relaxante, cigarette sexy, cigarette cool, cigarette réconfortante...) mais surtout parce que cela vous donne envie de fumer, tout simplement ! Rappelez-vous l'histoire du jeune homme que je suivais et qui ne pouvait pas regarder *House of Cards* sans avoir une envie folle de fumer. C'est exactement ce cas de figure.

Le *Master Settlement Agreement* – l'action du lobby du tabac dévoilée

À la fin des années 1990, l'industrie du tabac perd un procès aux États-Unis contre 46 États qui l'ont attaquée en justice. Une des mesures prises est le *Master Settlement Agreement* qui oblige l'industrie à publier ses archives, ce qu'elle fait en 1998. Cette mesure permettra la divulgation de nombreux contrats signés avec l'industrie du cinéma américain pour faire fumer les personnages à l'écran. On apprendra notamment que Sylvester Stallone a été payé 500 000 dollars pour faire apparaître des cigarettes de la marque Brown & Williamson dans cinq de ses films. Un article publié en mars 2002 dans la revue *Tobacco Control* annonce que Philip Morris aurait financé le placement de sa Marlboro dans 191 films entre 1978 et 1988. Rappelez-vous de Superman qui s'écrase dans un camion Marlboro ! Ce même *Master Settlement Agreement* interdit dorénavant à l'industrie du tabac américaine de placer des produits dans ces films. Pourtant, les chiffres montrent que cette décision n'est pas respectée puisque la présence du tabac sur les écrans américains a augmenté de 72 % entre 2010 et 2016[4]. La situation n'est pas meilleure en France puisqu'une étude[5] menée par la Ligue Nationale contre le Cancer prouve que, entre 2005 et 2010, 87,8 % des films français présentaient des situations avec le tabac, chiffre qui a grimpé à 91,7 % entre 2011 et 2014. La route est encore longue...

Évidemment, il n'est pas question, pour arrêter de fumer, d'arrêter de regarder des films ! En revanche, savoir que la vue du tabac a un impact fort sur vous vous permettra d'être vigilant et donc de tenir bon plus facilement.

Témoignage de Damien

Entre l'addiction liée aux nombreuses substances présentes dans le produit, et l'influence de nos idoles – tantôt classes, tantôt trash, machos ou féministes – le tabac a su déployer ses racines absolument partout, physiquement et spirituellement.

4. Tynan MA, Polansky JR, Titus K, Atayeva R, Glantz SA. : « Tobacco Use in Top-Grossing Movies — United States, 2010-2016 ». *MMWR Morb Mortal Wkly Rep* 2017 ; 66:681–686. DOI: http://dx.doi.org/10.15585/mmwr.mm6626a1
5. Étude « Tabac & Cinéma » de la Ligue contre le cancer.
Pour télécharger cette étude, il vous suffit de flasher ce QR code.

4. **Sentir l'odeur d'une cigarette :**
Au même titre que sentir l'odeur d'un croissant chaud vous donnera envie d'en dévorer un, l'odeur de cigarette vous procure peut-être une envie irrésistible de fumer.

5. **Sentir l'odeur d'un produit qui appelle la cigarette :**
C'est un exemple de deuxième niveau dont je vous parlais tout à l'heure. Si vous avez associé le café à la cigarette, alors il y a fort à parier que la simple odeur du café suscitera une envie de fumer.

6. **Voir ou toucher un produit indirectement lié à la cigarette :**
Rappelez-vous : parmi les « commandements motivation », figurait le fait de faire le vide autour de vous parce qu'un produit dérivé du tabac peut tout à fait vous donner envie de fumer : un briquet, un cendrier, des allumettes. Si c'est le cas, ne jouez pas avec un briquet pour penser à autre chose : ça aura l'effet inverse en vous donnant envie de fumer.

7. **Passer devant un lieu qui vous rappelle le tabac :**
Et en premier lieu, votre bureau de tabac. En ce qui me concerne, je m'étais formellement interdit d'y remettre les pieds.

8. **Voir une personne avec qui vous fumez systématiquement :**
Ah les souvenirs. Ces longues soirées à refaire le monde avec votre meilleur(e) ami(e) en fumant cigarette sur cigarette. C'était bien… mais ça a peut-être aussi créé un conditionnement. Peut-être que le simple fait de le/la voir aujourd'hui vous donne envie de fumer ? Ici, comme pour les films, pas question de couper les ponts ! Mais identifier le fait que voir cette personne vous donne envie de fumer vous permettra d'être vigilant, d'être conscient de la tentation et vous incitera peut-être à espacer un tout petit peu vos rencontres dans les premières semaines de votre arrêt. Il se peut également qu'une simple photo de cette personne vous fasse penser à la cigarette et vous donne envie de fumer, donc traquez vos murs ! Ça peut paraître extrême, je vous l'accorde. C'est à vous et vous seul de juger.

9. **Voir un dérivé des produits qui vous donnent des pulsions de cigarettes :**
   Comme par exemple des publicités pour de l'alcool ou du café. Oui ça peut parfois chercher très loin ! Si ces représentations sont chez vous, aucun problème, il vous suffira de les retirer. En revanche si elles sont dans la rue et dans les médias, dites-vous que ces envies seront furtives et qu'elles disparaîtront vite (comme les envies pop-up) et qu'il suffira de tenir bon.

C'est à vous !

Quelles sont ces scènes ou ces produits qui vous donnent furieusement envie de fumer ? Ne vous pressez pas pour répondre, prenez le temps de bien analyser votre consommation et revenez sur cette page (ou sur votre carnet) dès que vous vous sentirez prêt.

Cigarette Pavlov n° 1 :	
Cigarette Pavlov n° 2 :	
Cigarette Pavlov n° 3 :	
Cigarette Pavlov n° 4 :	
Cigarette Pavlov n° 5 :	

***

Vous verrez dans le troisième chapitre qu'il y a trois techniques simples pour casser ces conditionnements mais également une méthode qui agit particulièrement bien sur ce type de cigarettes. Mais chut, je ne vous en dis pas plus pour le moment ! Continuons car le travail n'est pas encore terminé.

JOUR 12
J'analyse comment je fume quand je suis heureux

J'espère que, au fur et à mesure que vous avancez dans ce livre, la route vers l'arrêt du tabac se dégage de plus en plus et que vous vous sentez chaque jour un peu plus en confiance. Quel beau chemin vous avez déjà parcouru ! Vous avez travaillé votre motivation, fait le point sur votre dépendance physique et sur votre dépendance comportementale. Mais le parcours n'est pas encore terminé ! Et pour faire l'audit complet de votre relation à la cigarette, il faut aborder la dernière facette de votre dépendance : le volet psychologique.

L'ordre que nous suivons est calculé et va crescendo. Nous avons commencé par les cigarettes les plus simples (les cigarettes besoin) et terminons par les plus complexes (les cigarettes psychologiques). Mais pourquoi ces dernières sont-elles les plus dures à traiter ? Parce qu'elles sont liées à vos émotions et qu'elles font écho à des schémas de pensée ancrés profondément dans vos vies. Mais s'en défaire n'est pas impossible, au contraire. Pour cela, il suffit d'identifier ces cigarettes, de prendre conscience des schémas qui se cachent derrière chacune d'elles et de les désamorcer, un à un. Ce travail n'est pas compliqué en soi, il demande de la rigueur mais aussi une ouverture d'esprit : **êtes-vous prêt à remettre en cause des schémas qui, jusque-là, étaient votre réalité, votre vérité ?**

Rassurez-vous : je vais vous accompagner dans ce travail et passer en revue les schémas les plus connus. Ensuite, je vous expliquerai dans le chapitre 3 comment les détricoter grâce à des méthodes simples.

Je scinde volontairement les cigarettes psychologiques en deux catégories selon qu'elles résultent de situations ou d'émotions positives ou négatives. Aujourd'hui, nous nous concentrerons sur le côté positif, et demain nous nous pencherons sur le négatif.

ÉMOTIONS : QUE NOUS DISENT-ELLES ?

Avant de rentrer dans le vif du sujet, il est très important que vous compreniez la vraie nature des émotions. On entend souvent parler de bonnes ou mauvaises émotions. Comme si certaines d'entre elles n'étaient pas respectables, belles ou acceptables. Il faut avouer que notre société ne tolère pas les mouvements d'humeur : il n'est pas bien vu de se mettre en colère ou de se mettre à pleurer au travail par exemple. Donc ces émotions – typiquement la colère et la tristesse – sont mises au ban, jetées dans le cachot des émotions négatives qu'il faut retenir, refouler, cacher. Malheureusement, cette façon de faire n'est pas correcte et même contre-nature car en réalité toutes les émotions sont là pour nous aider : à perpétuer l'espèce d'abord, et à nous protéger, notamment en demandant au cerveau de nous donner les moyens de nous défendre.

Il existe six émotions primaires : la joie, la surprise, la colère, la tristesse, le dégoût et la peur. La peur nous aide à identifier un danger et prépare notre corps à se battre ou à fuir, *idem* pour la colère qui nous donne l'énergie nécessaire pour nous battre. Le dégoût nous tient éloigné des microbes potentiels. La surprise nous donne le goût de l'inconnu et nous permet de nous aventurer hors des sentiers battus. Et enfin, la joie et la tristesse nous permettent de nous intégrer socialement et donc (si tout se passe bien !) de nous reproduire pour garantir la continuité de l'espèce. De ces émotions primaires sont issues de nombreuses autres émotions qui seront autant d'outils d'analyse de notre environnement et qui nous permettront d'avancer sereinement dans la société.

Aujourd'hui donc, nous allons nous concentrer sur les émotions qui suscitent des réactions positives dans notre corps et notamment la joie. Il y a de multiples émotions positives secondaires comme l'émoi amoureux, l'amusement, la gratitude, l'espoir, la sérénité, la fierté, l'admiration... Vous ressentez toutes ces émotions de temps en temps et, en vous penchant sur cette liste, il y a fort à parier que vous associiez des cigarettes à certaines d'entre elles.

Voici des exemples :

Type de cigarette	Évènement associé	Émotions associées
Cigarette récompense	Après avoir osé, quand vous êtes fier de vous, quand vous avez terminé de faire une chose qui vous rebutait (ex. le ménage)	Joie, Gratitude, Sérénité, Fierté
Cigarette conviviale	Une soirée entre amis, un dîner avec sa famille, un pot entre collègues, une soirée en amoureux	Joie, Amusement, Sérénité, Émoi amoureux
Cigarette détente	Après une dure journée de travail ou parce qu'on se sent tout simplement bien	Joie, Sérénité, Gratitude
Cigarette bonne nouvelle	Celles-là sont faciles à reconnaître !	Joie, Espoir, Gratitude, Sérénité, Fierté

La limite entre certaines de ces cigarettes est très ténue : une cigarette détente peut très bien, en parallèle, être une cigarette conviviale. Ce qui est important dans le travail que je vous propose, ce n'est pas tant de donner un nom à vos différentes cigarettes que de réussir à déceler les émotions qui se cachent derrière certaines d'entre elles.

Ces cigarettes sont toutes plaisantes et viennent vous apporter un mieux-être par rapport à une situation qui va déjà bien. C'est la cerise sur le gâteau en somme ! Le problème surgit quand ces situations se répètent et que votre cerveau – comme pour les cigarettes comportementales – crée une connexion entre ladite émotion et le fait de fumer pour l'accompagner. Vous vous retrouvez alors à allumer mécaniquement des cigarettes sans avoir pris conscience du processus qui était en marche. Et là où les choses se corsent, c'est qu'autant vous pouvez agir en conscience sur la plupart des éléments déclencheurs de vos cigarettes comporte-mentales, autant vous ne pouvez pas contrôler vos émotions positives et encore moins chercher à les minimiser ! Vous n'allez pas couper les ponts avec vos amis, c'est certain, ni arrêter quelque activité que ce soit qui vous apporte de la joie. Comment faire alors ?

Témoignage de Benjamin

Fumer, pour moi, c'était profiter de la vie. Quand j'étais ado, j'aimais me lever tôt pour regarder passer les joggeurs. Je m'installais à une terrasse de café pour boire un expresso, et je lisais le journal en enquillant les cigarettes. À l'époque, il me semblait totalement absurde de courir sans but, quand on pouvait tout simplement profiter des petits plaisirs de la vie, comme par exemple glandouiller en terrasse et fumer !

DES CIGARETTES TENTATRICES

Lorsque vous avez commencé à fumer, vos cigarettes étaient occasionnelles et il y a fort à parier qu'elles étaient associées à des cigarettes plaisir. Vous sortiez de cours, heureux de pouvoir passer un peu de temps avec vos amis et pour prolonger/accompagner ce moment, vous fumiez une cigarette. Plus tard, lors de soirées entre amis, pour vous sentir encore un peu mieux, vous avez sans doute fumé des cigarettes qui, avec les shoots de dopamine et sérotonine qu'elles vous procuraient, renforçaient ce sentiment de bien-être. Au fur et à mesure et à force de fumer ces cigarettes de temps en temps, votre cerveau a fini par développer de plus en plus de récepteurs nicotiniques. La dépendance physique s'est alors installée, ni vue ni connue.

Les fumeurs occasionnels

Certains fumeurs réussissent à se contenter de ces cigarettes plaisir et deviennent des fumeurs occasionnels. Chez eux, aucune addiction physique à l'horizon. Ils s'en tiennent à cette consommation depuis toujours et leur(s) envie(s) n'évolue(nt) pas. Ils peuvent fumer trois cigarettes lors d'une soirée et ne plus en toucher une seule pendant quinze jours, sans en ressentir aucune gêne. Mais ces fumeurs occasionnels n'ont pas moins envie d'arrêter de fumer que les fumeurs réguliers. Et leur tâche est d'ailleurs loin d'être aisée car ils ne peuvent pas s'aider des substituts nicotiniques qui font naturellement le tri parmi les cigarettes fumées. Pour eux, tout dépend de leur motivation et de leur volonté de désamorcer ces schémas de pensée, sans entraînement préalable sur des cigarettes plus faciles.

Ajoutez à cela le fait que cette cigarette plaisir est la plus vicieuse de toutes car c'est la seule qui soit liée à un sentiment positif et dont vous garderez un bon souvenir une fois que vous aurez arrêté de fumer. Ce qui lui conférera un fort pouvoir de tentation de rechute. C'est généralement quand vous serez bien, un soir, avec des amis, peut-être même avec un peu d'alcool, que vous risquez de vous dire : « Allez juste une ! » Comme un petit sursaut de votre ancienne vie de fumeur. D'où l'importance ici de bien se remémorer ce que je vous disais déjà en jour 7 : « juste une » n'est pas possible. Si vous êtes dépendant physiquement, les bulldogs dans votre cerveau vont juste s'endormir et ils se réveilleront tous sans exception à la moindre cigarette fumée, ce qui vous ramènera à la case départ. Au moment de craquer, repensez à tout le chemin que vous aurez parcouru et à tout ce que vous aurez gagné avec cet arrêt : la fierté, la confiance en vous, la liberté, la légèreté d'esprit, la fraîcheur, l'énergie, etc. Une cigarette gâcherait tout ! Allez plus loin encore et réfléchissez à ce que cette cigarette vous ferait. Moi je vous le dis : elle vous donnera envie de vomir. Vraiment, est-ce que ça vaut le coup ?

Dans ces moments durs, ressortez votre carnet. Il vous permettra de vous rappeler tout ce que vous avez gagné en arrêtant de fumer mais aussi toutes les bonnes raisons qui vous ont poussé à choisir cette direction, et enfin tout le travail de préparation que cela vous a demandé !

C'est à vous !

Pour vous défaire de vos cigarettes plaisir, commencez par lister ces situations qui vous font fumer et identifiez pour chacune d'elles les émotions qui y sont liées. Notez ensuite le niveau de satisfaction qu'elles vous procurent (note de 0 à 10). Vous serez peut-être surpris de vous rendre compte qu'en réalité, ces cigarettes sont plus automatiques qu'autre chose, et que l'idée que vous vous faites du plaisir qu'elles vous apportent est bien supérieure au plaisir réel.

Laissez-vous ensuite quelques jours et revenez sur ce tableau pour noter à nouveau ces cigarettes. Le plaisir est-il toujours le même ? Sans doute pas ! Pourquoi ? Car le simple fait de vous intéresser à la question et de vous pencher sur le sujet va amener votre cerveau à réfléchir et à avancer... généralement dans le bon sens.

Contexte de cigarette : Récompense, convivialité, détente, bonne nouvelle, autre ?	**Événement associé**	**Émotions associées :** émoi amoureux, amusement, gratitude, espoir, sérénité, fierté, admiration…	**Indice de satisfaction (note sur 10)**	**S+1 :** **Indice de satisfaction (note sur 10)**
Ex. : Cigarette détente	Quand j'arrive à la maison le soir.	Sérénité, gratitude	8/10	6/10
Cigarette				
Cigarette				
Cigarette				
Cigarette				
Cigarette				

Dans le troisième chapitre de ce livre, je vous présenterai des méthodes qui vous aideront à vous défaire de ces cigarettes.

En attendant, gardez votre carnet à côté de vous et n'hésitez pas à tenir votre journal de bord : ces cinq cigarettes que vous avez fumées hier soir avec Nina étaient-elles toutes aussi plaisantes les unes que les autres ? Étaient-elles toutes indispensables ? Quel plaisir physique et/ou psychique vous ont-elles apporté ?

***

Beau travail ! Maintenant, embarquons pour la dernière étape de l'analyse de votre consommation : les cigarettes liées à des émotions négatives !

JOUR 13

J'étudie ma consommation lorsque je vis des moments difficiles

Autant le lien entre situations ou sentiments positifs et cigarette n'est pas systématique parmi les personnes que je rencontre, autant quasiment toutes se servent de la cigarette comme d'un doudou, comme d'une béquille. Il n'y a qu'à regarder les chiffres post-confinement qui nous ont appris qu'un quart des fumeurs avait augmenté sa consommation pendant cette période. Est-ce votre cas ?

Pour savoir si vous réagissez aux émotions négatives avec une cigarette, posez-vous ces trois questions très simples :

1. **Allumez-vous une cigarette quand vous êtes contrarié ou énervé ?**
2. **Fumez-vous quand vous êtes mal à l'aise ou soucieux ?**
3. **Utilisez-vous la cigarette pour chasser le cafard ou pour ne plus penser ?**

Si vous répondez oui à une ou plusieurs de ces questions alors oui, vous vous servez de la cigarette comme d'une béquille. Et c'est compréhensible ! Ces émotions nous mettent dans un état de tension interne que l'on souhaite soulager au plus vite. Quoi de tel alors que la dopamine, la sérotonine et la noradrénaline délivrées par votre cigarette ? C'est facile d'accès, facile d'utilisation et si rapide (bien plus que de chausser ses baskets et d'aller courir !)... Votre cerveau l'a très vite compris et se tourne donc naturellement, dès le moindre coup de moins bien, vers cet outil qu'il a étiqueté comme étant anti-stress.

Les émotions négatives sont nombreuses : la colère, la peur, la tristesse (ou mélancolie) auxquelles nous pouvons ajouter la déception, la culpabilité, la douleur, la solitude, l'anxiété, l'ingratitude, la honte, la rancune, l'envie (ou la jalousie), le mépris, la frustration. Toutes se caractérisent par des tensions internes, contrairement aux émotions positives qui, elles, sont synonymes de bien-être, de relâchement, de baisse de pression. Aucune émotion négative n'est agréable à vivre et notre première réaction sera de la chasser, de la faire taire, de l'ensevelir. Mais rappelez-vous ce que je vous disais hier : il n'y a pas d'émotions bonnes ou mauvaises, d'émotions gentilles ou méchantes. **Toutes vous disent quelque chose et le rôle des émotions négatives est de vous faire savoir qu'un de vos besoins n'a pas été respecté.**

Ici encore, il va donc falloir agir par étapes :

1. D'abord identifier ces cigarettes doudou ;
2. ensuite analyser le(s) bienfait(s) ressenti(s) pour passer d'une perception subjective à une perception objective (non, la cigarette n'est pas une baguette magique qui va régler vos problèmes) ;
3. tout en faisant le point, en parallèle, sur les émotions négatives que vous ressentez afin de voir comment mieux les appréhender et mieux les gérer (autrement qu'avec une cigarette !).

Car, contrairement aux émotions positives, **plus vous limiterez l'apparition de ces émotions négatives, plus vous serez en accord avec vos besoins et plus vous serez heureux**. Ici encore, tout est une question d'équilibre et la bonne nouvelle, c'est que, pour gérer ces cigarettes, vous aurez ici la possibilité d'agir sur les éléments déclencheurs. Mais cela ne veut pas pour autant dire que cette tâche sera facile, car elle vous demandera, ici aussi, de revoir vos modes de pensée et d'actions usuels, voire d'opérer des changements majeurs dans votre vie. Heureusement, des méthodes existent pour vous aider : nous verrons tout ça dans le troisième chapitre !

Continuez d'abord votre travail de Sherlock Holmes et cherchez à identifier vos cigarettes « émotions négatives », que l'on pourrait également appeler cigarettes médicaments, cigarettes béquille ou doudou.

IDENTIFIER MES CIGARETTES DOUDOU

Comme hier, voici des exemples de cigarettes doudou, d'événements et d'émotions associés. Vous reconnaissez-vous dans certaines d'entre elles ?

Type de cigarette	Événement associé	Émotions associées
Cigarette réconfortante	Quand j'ai eu une mauvaise nouvelle / Quand je suis triste / Quand quelqu'un m'a déçu / Quand je suis déçu de moi-même ou d'une réaction que j'ai pu avoir	Tristesse, mélancolie, déception, culpabilité, douleur, honte
Cigarette bulle	Quand les enfants font trop de bruit à la maison et que je sens la pression monter / Quand on me relance sans cesse sur un dossier à rendre / Quand le téléphone n'arrête pas de sonner / Quand je suis constamment dérangé / Quand je n'ai pas le moral et que je veux juste être seul / Quand quelqu'un m'énerve	Colère, anxiété, frustration, tristesse, envie/jalousie, mépris, rancune
Cigarette apaisante	Toutes les situations de tous les jours qui me tendent : stress au travail, à la maison, dans les transports	Colère, anxiété, frustration, tristesse, envie/jalousie, mépris, rancune, peur
Cigarette compagnon	Quand je m'ennuie / Quand je suis isolé et que j'ai peur de paraître bizarre à ne rien faire / Quand j'attends quelque chose ou quelqu'un	Solitude, anxiété, peur, frustration
Cigarette stimulante	Quand je suis déstabilisé et que je dois mettre mes idées au clair avant d'agir ou répondre	Colère, culpabilité, anxiété

C'est à vous !

Contexte de cigarette : Réconfortante, bulle, apaisante, compagnon, stimulante, autre ?	**Évènement associé**	**Émotions associées :** Colère, peur, tristesse, mélancolie, déception, culpabilité, douleur, solitude, anxiété, ingratitude, honte, rancune, envie, jalousie, mépris, frustration...	**Indice de satisfaction (note sur 10)**	**S+1 : Indice de satisfaction (note sur 10)**
Ex. Cigarette bulle	Quand je sors d'une journée tendue au travail et que j'enchaîne avec une ambiance ultra bruyante à la maison le soir	Colère, douleur, frustration	9/10	7/10
Cigarette				
Cigarette				
Cigarette				
Cigarette				

Le simple fait d'avoir identifié ces cigarettes va permettre à votre cerveau de commencer à questionner ce lien, sans que vous vous en rendiez forcément compte. Car rappelez-vous : 90 % du temps, votre cerveau travaille sans que vous en ayez conscience !

Prenez un peu de temps pour analyser vos cigarettes doudou. Est-ce que le fait de fumer ces cigarettes vous fait réellement du bien ? Est-ce que cela règle le problème que vous vivez ? Est-ce que cela vous apaise mentalement ? Et physiquement, que vous font ces cigarettes ? Sont-elles relaxantes ? (Un indice pour vous aider dans votre réflexion : le premier effet physique de la cigarette est d'augmenter votre rythme cardiaque, ce qui est le premier symptôme physique du stress).

IDENTIFIER LES BESOINS QUE JE NE RESPECTE PAS

Deuxième partie du travail (et non des moindres !) : identifier derrière chacune de ces cigarettes les besoins inassouvis. Ce travail, si vous ne l'avez encore jamais fait, est primordial, et pas seulement pour votre arrêt du tabac mais également pour votre vie et votre bien-être en général : **à partir du moment où vous saurez ce qui est vital pour vous, vous avancerez dans la vie en faisant des choix en conscience. Vous serez alors en accord avec vos valeurs et vos envies et vous serez mécaniquement plus heureux.**

Vous comprenez maintenant pourquoi ce sont les dernières cigarettes que j'aborde. Le travail à fournir est un peu plus complexe que celui réalisé pour identifier vos cigarettes besoin !

Voilà la liste des besoins fondamentaux selon Marshall Rosenberg, le père de la communication non violente[6]. Y a-t-il un de ces besoins qui, en ce moment, n'est pas satisfait dans votre vie et qui, en cascade, vous rend malheureux et vous fait fumer ?

Pour chacun des besoins listés ci-dessous, j'ai donné des illustrations potentielles et il se peut tout à fait que ces besoins vous évoquent d'autres dysfonctionnements ; écoutez-vous !

---

6. Pour en savoir plus sur la communication non violente, je vous invite à vous rendre à la fin de ce livre où vous trouverez un cas pratique. Je vous y présente la méthode et je la mets en situation pour vous donner des clés pour régler les conflits en douceur.

Famille de besoins n° 1 : l'autonomie
Avez-vous l'impression ces temps-ci d'être pris au piège, contraint ? Vous sentez-vous libre de faire ou de prendre la direction que vous souhaiteriez prendre ?
Famille de besoins n° 2 : la célébration
Y a-t-il un proche/un contexte qui vous empêche d'exprimer votre joie à la réalisation d'événements positifs ? À l'inverse, avez-vous le sentiment que l'on ne vous laisse pas le temps ou la possibilité de faire le deuil d'une personne (ex. : décès, fin d'une relation amoureuse/amicale) ou même d'un moment difficile ? En effet, parfois, une période compliquée (au travail par exemple) nécessite un temps de digestion !
Famille de besoins n° 3 : l'intégrité
Avez-vous le sentiment que votre estime de vous n'est pas à son plein potentiel ? De ne pas être aligné avec votre ikigai (concept japonais qui consiste à trouver sa raison d'être) ? De ne pas être tout simplement à votre place ?
Famille de besoins n° 4 : l'interdépendance
Vous sentez-vous isolé/seul ? Avez-vous le sentiment de ne pas être assez soutenu, écouté ? Avez-vous un sentiment de frustration vis-à-vis de vos proches, l'impression de donner beaucoup plus que vous ne recevez ? Ou, à l'inverse, de ne pas pouvoir donner autant que vous le voudriez ?
Famille de besoins n° 5 : le jeu
Est-ce que l'ambiance autour de vous est trop stricte, trop rigide ?
Famille de besoins n° 6 : la communion d'esprit
Comment sont les énergies autour de vous ? Vous sentez vous bien dans votre environnement ? Au travail : êtes-vous bien installé ? Chez vous : y a-t-il des éléments perturbateurs qui vous minent (bruit, manque d'espace, zone ou ville qui ne vous convient pas ou ne vous ressemble pas, voisinage...) ?
Famille de besoins n° 7 : les besoins physiologiques
Avez-vous le sentiment de ne pas assez dormir en ce moment ou de ne pas avoir un assez bon sommeil ? Avez-vous le sentiment de ne pas assez bien traiter votre corps (d'être trop sédentaire, de ne pas assez bien vous nourrir) ? Votre maison est-elle un cocon dans lequel vous pouvez vous régénérer ?

C'est à vous !

Mes besoins non comblés :

. . . .

. . . .

. . . .

. . . .

. . . .

. . . .

Une fois les besoins non satisfaits identifiés, reste à voir comment agir sur les situations d'origine ! L'idée étant de tenter de **résoudre ces problèmes pour bloquer la réaction en chaîne (émotion négative puis cigarette)** qui, au final, nuit à votre santé (et pas seulement à cause de la cigarette : trop de stress et de tensions sont également néfastes à votre organisme !).

Résoudre le problème à la source ne sera pas forcément aisé : il n'est peut-être pas nécessaire d'aller jusqu'à démissionner ou quitter votre conjoint sous prétexte que vous arrêtez de fumer. En revanche, vous allez peut-être pouvoir enclencher des discussions pour tenter de faire évoluer ce qui ne vous satisfait pas et tenter de faire bouger la situation dans le bon sens. Rappelez-vous que votre cerveau travaille dans son coin, et qu'une situation problématique identifiée marque le début de la résolution du problème.

Et puis, dites-vous que, dans le pire des cas, si vous ne pouvez rien changer, il existe des méthodes pour vous aider à mieux accepter les situations tendues et moins sur-réagir. En étant plus zen, vous serez moins accroché au problème, plus à distance, donc plus heureux. Et c'est ça l'objectif. Nous verrons tout cela dans le chapitre 3.

Témoignage de Dounia

Ça fait tout juste un mois que j'ai arrêté de fumer et cette fois je sens que c'est la bonne. Je me suis remise au sport, c'est un peu mon outil de remplacement. J'y vais trois fois par semaine, ce qui est peut-être excessif, mais je m'en fiche, ça me fait trop de bien. Et puis… j'ai quitté mon copain. C'est marrant, ça faisait longtemps que ça n'allait pas, mais je sens que c'est le fait d'arrêter de fumer qui m'a aidée à prendre la décision. J'ai envie de prendre soin de moi, de m'occuper de *moi*, d'être centrée sur *moi* ! C'est cet état d'esprit qui m'a fait ouvrir les yeux sur ce qui n'allait pas : tout tournait toujours autour de lui et je m'oubliais complètement. S'il veut revenir, il reviendra mais, cette fois, ce sera avec mes règles du jeu !

***

Félicitations ! Vous avez analysé sincèrement votre relation avec la cigarette, cela veut dire que le travail a été réalisé aux deux tiers !

JOUR 14
Je fais le bilan et je dessine mon diamant

Que de chemin parcouru... et que d'introspection ! Cette semaine a dû être riche en enseignements. J'espère qu'elle vous a aidé à ouvrir les yeux sur les comportements mécaniques et les schémas que vous aviez mis en place inconsciemment avec la cigarette. Nous nous sommes dit beaucoup de choses et, aujourd'hui, il est l'heure de faire le bilan sur tout ce que vous avez appris sur votre relation à la cigarette, de faire le point sur vos réflexions et sur ce qu'elles ont fait émerger. Cela vous permettra d'avoir une photo de la situation et de votre profil de fumeur, et vous facilitera la tâche pour l'étape suivante : le choix de la ou des méthodes qui vous aideront vraiment.

JE FAIS LE BILAN DE MES ARRÊTS PASSÉS

« L'important est de tirer une leçon de chaque échec. »

— John McEnroe

Rappelez-vous, au début du livre, je vous présentais ce schéma de l'homme qui gravit un escalier et je vous invitais à travailler votre motivation et à vous engager dans l'analyse de votre relation à la cigarette pour vous aider à gravir les marches plus vite.

Ce que je ne vous ai pas dit, c'est qu'arrivé en haut des marches vous pouviez craquer et vous remettre à fumer. D'ailleurs, vous avez peut-être déjà tenté l'aventure de l'arrêt du tabac et, si vous êtes là aujourd'hui, c'est que, justement, vous avez craqué.

La bonne nouvelle – et vous n'en avez peut-être pas conscience –, c'est que cette rechute a été très instructive. Déjà, elle vous a montré que vous n'étiez pas retombé sur la première marche mais sans doute un peu plus haut. Réfléchissez-y : une fois que vous avez recommencé à fumer, vous êtes-vous dit que vous ne vouliez plus jamais arrêter de fumer ou vous êtes-vous plutôt dit : *« Je garde l'idée de l'arrêt dans un coin de ma tête et je retenterai ma chance plus tard »* ? (Ce qui correspond à la troisième marche de l'escalier.) Au pire, vous êtes-vous peut-être dit que vous ne pouviez pas le faire, que vous n'en étiez pas capable. Certes, c'est un constat d'échec, mais il n'empêche que c'est la deuxième marche, pas la première. **Cela signifie que, bien que vous ayez replongé tête baissée dans votre paquet de cigarettes, vous avez avancé dans votre démarche d'arrêt et vous avez tiré des leçons de cette aventure.**

Vous avez sans doute également expérimenté que le concept « juste une cigarette » n'existait pas et qu'il vous faisait reprendre complètement le tabac. Ce constat vous rendra plus fort lors de votre prochain arrêt et vous aidera à résister aux différentes tentations (maintenant vous savez quel impact pourraient avoir ces trois minutes de soi-disant plaisir !).

Vous avez aussi peut-être vécu des situations qui vous ont fait craquer, ce qui a mis à jour une dépendance psychologique à la cigarette (un moment de stress, d'ennui ou, à l'inverse, un moment de célébration ou de détente). Maintenant, vous savez que ces situations sont à risque donc vous ne les aborderez plus de la même façon la prochaine fois : vous serez plus vigilant.

Enfin, vous avez peut-être expérimenté les symptômes de manque qui ont été si forts qu'ils vous ont fait replonger (irritabilité, troubles du sommeil, fringales accompagnées de prise de poids…). Cela vous dit que vous êtes dépendant physiquement sans avoir à y réfléchir. Maintenant, vous savez que la prochaine fois, pour rendre votre arrêt plus doux, vous ne ferez pas l'impasse sur les substituts nicotiniques. À l'inverse, vous n'avez peut-être pas pris un gramme. Cela vous rassure sur le fait que ça ne risque pas d'arriver non plus la prochaine fois !

Bref, vous l'aurez compris, tout échec est instructif, pour peu que vous vous penchiez sur ces expériences et que vous en tiriez des leçons. **Grâce à vos précédents arrêts du tabac, votre prochain arrêt sera plus solide. Ajoutez à cela la lecture de ce livre et les enseignements que vous en aurez tirés, et je prédis que la cigarette sera bientôt un lointain souvenir !**

JE DESSINE MON DIAMANT

Maintenant que tout est dit, il est (enfin !) l'heure de faire le bilan. Vous avez beaucoup réfléchi à votre relation à la cigarette et sur ce qui vous liait à elle. En mettant toutes ces informations en un point, vous aurez une photo de votre profil de fumeur. Cela vous permettra de lire plus efficacement la troisième partie de ce livre et de savoir exactement ce qui est fait pour vous et ce qui l'est moins.

Un pas après l'autre

Si vous regardez toutes les phases par lesquelles nous sommes passés, toutes les étapes de travail réalisées, vous comprenez pourquoi dire : *« Je veux arrêter de fumer, je vais aller voir un hypnothérapeute »* est un raisonnement un peu rapide, n'est-ce pas ? En réalité, pour bien faire, le choix de la méthode doit être l'aboutissement du travail de préparation et certainement pas le début.

Pour vous aider dans ce travail de bilan, je vous propose un diamant à cinq facettes sur lesquelles vous allez pouvoir noter le fruit de vos réflexions et de votre analyse. Pourquoi un diamant ? Parce que tout diamant est unique, comme votre « profil » de fumeur.

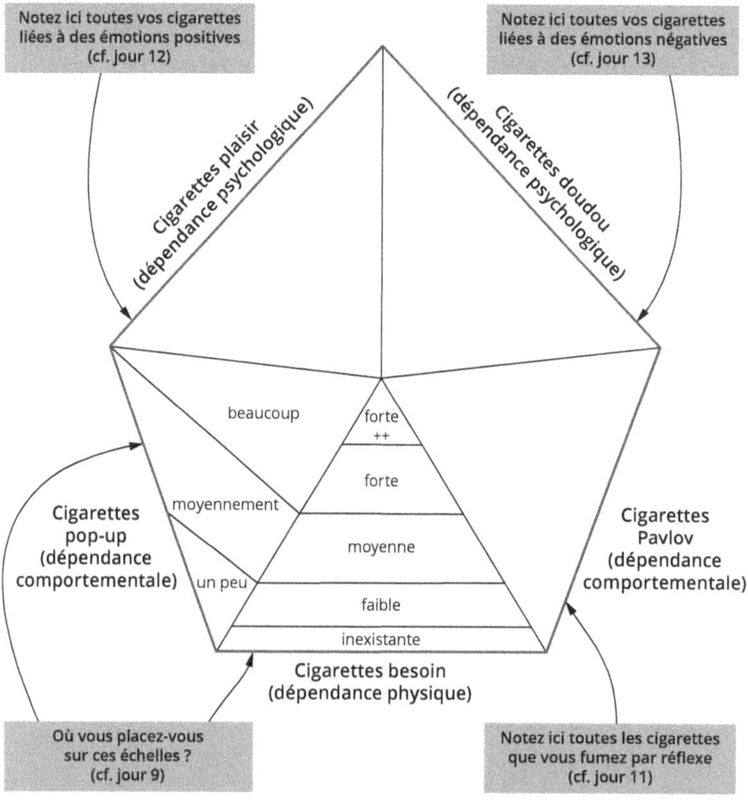

Reprenons l'exemple de Léa, cela vous aidera à remplir le vôtre. Lorsque je vous l'ai présentée, nous n'avons décrypté que ses journées classiques. Sans sortie avec les amis et sans émotions fortes, que ce soit positives ou négatives. Qu'en est-il alors ?

Du côté des émotions positives d'abord

Léa a 32 ans, elle n'a pas de petit ami, ni d'enfant. Les soirées à la maison sont donc plutôt calmes. Et bien qu'elle apprécie cet esprit cocon, il n'en demeure pas moins qu'elle aime faire la fête avec ses amis. Dans ces cas-là, c'est toujours plus ou moins le même programme : ils se retrouvent tous dans un bar, dans un restaurant ou bien chez l'un d'entre eux et ils refont le monde autour de verres de vin ou de bière. Lors de ces soirées, la consommation de tabac de Léa s'affole. Elle allume presque les cigarettes les unes après les autres. C'est plus fort qu'elle, elle fume en pilote automatique. Le lendemain, elle est heureuse d'avoir passé une si bonne soirée entourée de ces gens qu'elle aime et d'avoir pu ainsi décompresser. Mais elle a aussi mal à la tête et mal à la gorge.

→ *Léa a donc clairement mis en place un conditionnement tabac/alcool mais aussi tabac/mimétisme, tabac/convivialité et tabac/détente.*

Et du côté des émotions négatives ?

Léa est quelqu'un de plutôt calme et zen mais parfois l'ambiance au travail n'est pas rose et elle a du mal à garder son sang-froid. Il faut dire que sa patronne n'est pas très *positive attitude*. Elle est très froide, très exigeante et elle n'hésite pas à faire des reproches à Léa qui, pourtant, se donne à 200 %, est pleine de bonne volonté et fournit un travail qui, de l'avis de tous ses collègues, est excellent. Pourquoi une telle pression ? Pourquoi un tel acharnement ? pense-t-elle même parfois... Quand vraiment elle ne tient plus, elle va fumer. Dans ces moments, la cigarette est une évidence : il faut qu'elle sorte pour redescendre en pression. La cigarette l'apaise. Il lui arrive même parfois de ressasser le soir. Elle fume alors plus de cigarettes qu'à son habitude. Cela l'aide à se calmer mais aussi à mettre ses idées au clair. Demain, c'est sûr, elle ne se laissera plus faire.

J'ARRÊTE ENFIN DE FUMER

→ *Léa n'a clairement pas tiré le gros lot avec sa patronne… mais ce n'est pas pour autant qu'elle va démissionner. Elle ne peut pas se le permettre. Dans ce contexte tendu, la cigarette est devenue un outil qui la calme et qui l'aide à mettre ses idées au clair. Comme les cigarettes qu'elle fume avant d'aller travailler, au milieu de la matinée et au milieu de l'après-midi. On peut donc dire que, pour Léa, les cigarettes jouent un rôle apaisant et stimulant.*

Voici le diamant de Léa :

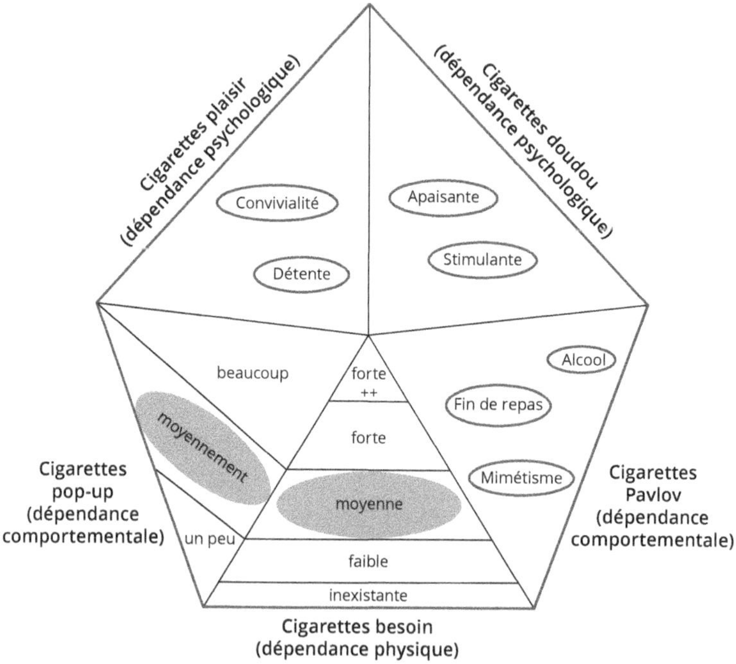

NB : l'importance (ou non) de vos cigarettes pop-up apparaîtra pendant votre arrêt mais, en attendant, vous pouvez les mettre au même niveau que votre dépendance physique.

Comme pour vos bonnes raisons d'arrêter de fumer, je vous recommande vivement de noter votre diamant dans votre carnet mais aussi sur une feuille libre que vous accrocherez chez vous. Garder en tête les situations à risque ne vous rendra que plus vigilant et donc plus fort !

Semaine 2 : tout ce qu'il faut faire pour créer son diamant le plus précis possible !

1. Je détermine si je suis dépendant physiquement ou non.
2. J'évalue mes cigarettes pop-up au regard du niveau de ma dépendance physique. Et en attendant l'arrêt, je prépare mon cerveau en anticipant des stratégies de diversion.
3. J'identifie mes cigarettes Pavlov en traquant les éléments déclencheurs.
4. Je comprends quelles émotions me font fumer et à quel(s) besoin(s) répondent les cigarettes allumées dans ces situations.

SEMAINE 3

JE CONÇOIS MON PLAN D'ATTAQUE

Introduction

Maintenant que vous avez une idée claire et précise de votre relation à la cigarette, il est temps de mettre en place votre stratégie et de concevoir votre plan d'attaque personnalisé. L'objectif de ce dernier chapitre est de trouver la ou les méthodes qui rendront votre arrêt confortable, celles qui vous renforceront sur vos points faibles et enfin celles qui vous soutiendront pendant les moments propices à la rechute.

Il existe de nombreuses aides mais toutes n'agissent pas sur les mêmes registres : certaines sont propres à la dépendance physique et d'autres sont à utiliser spécifiquement pour la dépendance psycho-comportementale. N'hésitez donc pas à mixer les solutions pour qu'elles collent parfaitement à votre profil et vos attentes. C'est ainsi que votre stratégie sera personnalisée !

Dans ce chapitre, nous verrons tout d'abord l'importance de vous fixer un objectif et un projet (tout le monde n'a pas forcément envie d'arrêter d'un coup, tout le monde n'a pas forcément envie de prendre des substituts nicotiniques, tout le monde ne fume pas que des cigarettes...). Ensuite, nous passerons en revue les différentes méthodes. Je vous expliquerai comment elles fonctionnent et dans quel(s) cas elles vous sont recommandées. Je continuerai également de donner la parole aux fumeurs que j'ai rencontrés pour qu'ils nous racontent leurs expériences et qu'ils nous disent comment les techniques qu'ils ont utilisées les ont aidés à arrêter de fumer.

Allez, dernière ligne droite avant la liberté !

JOUR 15
Je définis mon objectif

Il n'y a pas de classification des arrêts : pas de bel arrêt ou d'arrêt moins beau. Pourtant, c'est peut-être ce que vous vous dites inconsciemment. Peut-être pensez-vous qu'il faut arrêter d'un coup, qu'il ne faut pas utiliser de patch, que l'hypnose ça ne marche pas, qu'il suffit d'être fort, que tout est dans la tête. Vous savez à quel point je n'aime pas les « il faut » car ils sont l'expression de l'absence de liberté, de la contrainte, et je déteste ça. **Peu importe comment vous arrêtez de fumer à partir du moment où vous atteignez votre objectif. Peu importe également le temps que cela prendra : qui oserait vous imposer un calendrier, si ce n'est vous ?** Ce qui compte, n'est-ce pas le résultat final ? Le fait qu'au bout d'un an environ vous puissiez vous sentir ancien fumeur ? Vous l'aurez compris en lisant ce livre : l'arrêt du tabac est avant tout une aventure personnelle pendant laquelle vous allez devoir vous défaire d'un produit qui vous faisait du bien (c'est ce que vous pensiez, vous vous souvenez ?!), d'un produit qui faisait partie de votre vie et qui était le compagnon de vos bons et de vos mauvais moments. Mais cet arrêt sera également une aventure que je qualifierais de profonde, car elle vous demandera d'aller chambouler vos repères, vos schémas, vos vérités, pour accéder à plus de liberté ! Tout cela ne se fera pas en un claquement de doigts. Alors, je vous le redis : faites-vous confiance, dorlotez-vous, soyez patient et décidez de la meilleure route à prendre pour vous, celle qui *vous* correspond.

J'ARRÊTE ENFIN DE FUMER

« Quel est mon objectif ? »

C'est la réponse à cette question qui vous permettra d'amorcer la création de la stratégie qui vous correspond et qui vous permettra de dire adieu pour de bon au tabac !

1. OBJECTIF « JE VEUX 100 % DE LIBERTÉ TOUT DE SUITE »

Cette route est la plus courte vers la liberté. Dans ce cas-là, le chemin est clair : zéro cigarette dès le premier jour de l'arrêt, et zéro produit du tabac quel qu'il soit (cigarillos, chicha, joints roulés avec du tabac).

L'idée peut effrayer mais il y a de nombreux outils qui pourront vous aider :

- La nicotine de substitution et les méthodes naturelles vous aideront à sevrer plus vite, et dans le confort, votre dépendance physique (s'il y en a une).
- Des méthodes parallèles vous aideront à vous défaire de votre dépendance psycho-comportementale.

Rappelez-vous également que tout le travail que vous avez fait jusqu'ici avec ce livre vous a préparé à atteindre cet objectif de la façon la plus confortable, rapide et durable possible.

2. OBJECTIF « JE VEUX RÉDUIRE LES RISQUES POUR MA SANTÉ EN PRIORITÉ »

Il existe un outil qui permet de continuer de vivre l'expérience du tabac en limitant très fortement les risques pour sa santé : c'est la cigarette électronique, que l'on appelle aussi e-cigarette ou vapo-rette, vapoteuse, ou encore vaporisateur personnel afin de la différencier de la cigarette. Car en réalité, les deux produits n'ont rien à voir ! Certes les deux délivrent de la nicotine par inhalation mais la e-cigarette est infiniment moins toxique que la cigarette pour la simple et bonne raison qu'elle produit de la vapeur et non de la fumée issue de combustion (créatrice je vous le rappelle de monoxyde de carbone, de goudrons et d'autres produits toxiques).

Cet outil arrivé sur le marché français en 2010 est très largement utilisé par les fumeurs. En 2017, 49,5 % de vapoteurs quotidiens étaient des anciens fumeurs et 700 000 fumeurs disent avoir arrêté grâce à elle entre 2010 et 2017 (baromètre Santé Publique France 2017). La vapoteuse pourrait donc en partie expliquer la chute massive du nombre de fumeurs enregistrée ces deux dernières années (– 1,6 million de fumeurs sur 2017 et 2018).

La vaporette est-elle aussi dangereuse, voire plus dangereuse, que la cigarette ?

Faux ! La cigarette électronique utilisée avec des e-liquides respectant la norme CE est *infiniment* ***moins*** *dangereuse* que la cigarette. Et ce pour deux raisons très simples :

1. Il n'y a pas de combustion dans la vaporette, donc pas de goudrons ni de monoxyde de carbone, ni de produits toxiques issus de la combustion dans la vapeur inhalée. Les vapoteurs le disent d'ailleurs : avec la e-cigarette, ils ont retrouvé leur souffle et leur énergie.
2. La liste des composants est incomparable ! D'un côté vous avez dans la cigarette les 4 800 produits chimiques toxiques dont je vous ai déjà parlés, et de l'autre vous avez des e-liquides composés de propylène glycol, de glycérine végétale, d'eau, de nicotine (parfois) et d'alcool (parfois). Tous sont utilisés sous leur forme pharmacologique, c'est-à-dire celle utilisée dans les médicaments. Il y a également les arômes qui, avec la norme CE, sont tous alimentaires. C'est là que subsiste un doute, car un arôme alimentaire a pour destination le système digestif et non le système respiratoire. Mais lorsque l'on compare la toxicité de l'arôme alimentaire *vs* les 4 800 produits chimiques, il n'y a pas photo !

Produits toxiques dans la cigarette :
cadmium, ammoniac, mercure, polonium 210, vinyle, DTP, acétone, pyrène, acide cyanhydrique, arsenic, butane, plomb + env. 4 000 autres

Produits à risque dans la vaporette :
arômes alimentaires

Une étude[1] publiée en Grande-Bretagne en 2015 affirme que la vaporette est **95 % moins dangereuse que la cigarette.** L'auteur de l'étude, le professeur Kevin Fenton, de l'organisme Public Health England, dit à ce sujet que « les cigarettes électroniques ne sont pas totalement dénuées de risques mais, quand on les compare au tabac, les résultats montrent qu'elles ne comportent qu'une fraction de nocivité ». D'ailleurs le message des autorités de santé françaises est clair : **« Tous les fumeurs, pour limiter les risques pour leur santé, sont invités à passer à la cigarette électronique. »**

Mais vous allez peut-être me rétorquer qu'il peut arriver que des vaporisateurs personnels explosent et que des Américains en sont même morts durant l'été 2019 ! C'est vrai. Mais derrière ces quelques cas qui font la une des journaux se cachent des mésusages de matériel ou de produit. Il faut d'abord évidemment veiller à ce que la cigarette électronique soit de bonne qualité, qu'elle soit bien réglée et bien l'utiliser (veiller à ce que la mèche soit toujours dans du liquide, bien régler la puissance et ne pas laisser la vaporette à proximité d'objets métalliques comme des clés ou des pièces de monnaie). Il faut aussi acheter des e-liquides respectant la norme CE et ne pas créer vos propres produits comme l'ont fait ces Américains lors de l'été 2019. Ces derniers ont fabriqué des e-liquides à base d'huile de cannabis, or l'huile est ultra toxique pour les poumons, et c'est ça qui les a tués.

Mon conseil pour que tout se passe bien : *allez en boutique*. On vous y vendra des produits de qualité, on vous réglera la cigarette électronique et on vous expliquera tout ce qu'il faut savoir.

1. Source : https://assets.publishing.service.gov.uk/government/uploads/system/uploads/attachment_data/file/733022/Ecigarettes_an_evidence_update_A_report_commissioned_by_Public_Health_England_FINAL.pdf

Certains fumeurs décideront donc de troquer leur cigarette contre une cigarette électronique pour réduire les risques pour leur santé, comme le recommandent les autorités de santé. D'autres décideront de se servir de la cigarette électronique comme un outil de transition entre la cigarette et la liberté totale. Les objectifs ici sont très différents.

Dans le premier cas, il s'agit de protéger sa santé ; et dans le deuxième, il s'agit de vouloir être libre (= objectif n° 1). Car troquer sa cigarette contre une vaporette pour une durée indéterminée ne permet pas de se défaire de sa dépendance psycho-comportementale ni, donc, d'accéder à la liberté.

Mais c'est un choix qui peut tout à fait s'entendre car, rappelons-le, vous et vous seul décidez de ce que vous voulez ! Il faut juste être clair sur la destination pour pouvoir construire le meilleur chemin pour y arriver.

Quel que soit votre projet, je vous invite à vous rendre au jour suivant dans lequel je parle plus en détail de la cigarette électronique.

3. OBJECTIF « JE VEUX Y ALLER PROGRESSIVEMENT »

Arrêter de fumer du jour au lendemain peut faire peur et certains préfèrent se séparer en douceur. Bonne nouvelle, c'est une stratégie qui est tout à fait possible !

Pour que ce chemin se déroule dans le confort et soit efficace, il faut respecter une unique règle : **utiliser de la nicotine de substitution** en parallèle de vos cigarettes. La raison est très simple : votre cerveau est habitué à sa dose de nicotine journalière et si vous réduisez la quantité de cigarettes habituellement fumées, il fera tout ce qu'il peut pour obtenir sa dose sur les cigarettes restantes.

Conclusion :

- Si vous retirez peu de cigarettes (moins de 5), votre cerveau vous dupera et vous tirerez la même dose de nicotine et donc également la même dose de produits toxiques qu'avant. L'effet sur votre santé de cette réduction sera donc nul.

- Si vous retirez beaucoup de cigarettes (plus de 5), votre cerveau ne réussira pas à obtenir sa dose en tirant plus fort, donc vous ressentirez le manque et les symptômes négatifs qui vont avec. Ce qui n'est pas en accord avec l'arrêt dans le confort que je prône.

L'idée ici est donc d'utiliser de la nicotine de substitution (cigarette électronique ou patch) qui prendra la place d'une partie de vos cigarettes. Oui vous avez bien lu, cela implique que vous allez fumer avec un patch. Mais ne vous inquiétez pas, il ne vous arrivera rien ! Il vous suffira de vous laisser guider par votre envie de cigarette. Une grande partie des besoins en nicotine de votre cerveau sera prise en charge par le patch. Il ne restera donc de la place que pour quelques cigarettes. Votre corps inhalera donc moins de nicotine et moins de produits chimiques. L'impact sur votre santé sera donc positif. Et la bonne nouvelle c'est que la nicotine de substitution opérera son travail de sevrage. Ainsi, petit à petit, la place disponible pour les cigarettes restantes va diminuer jusqu'à ce que ce que vous n'ayez plus envie de fumer du tout.

Fumer avec un patch, c'est possible !

Rassurez-vous, votre corps n'acceptera pas plus de nicotine qu'il ne peut en tolérer. Vous ne ferez donc jamais d'overdose. Votre cerveau vous préviendra quand vous atteindrez cette limite en vous envoyant des messages de surdosage : maux de tête, nausées, palpitations, vertiges. Dans ce cas-là, il vous suffira de réduire la dose de nicotine et tout rentrera dans l'ordre très rapidement.

Ce processus est évidemment plus long que les autres puisque, une fois arrivé à zéro cigarette, il faudra entamer le parcours de réduction de la nicotine de substitution. Mais vous avez fumé de nombreuses années, vous pouvez bien ajouter quelques mois à votre arrêt, vous ne pensez pas ?

4. « JE NE VEUX PAS TOUT ARRÊTER »

Ce livre s'appelle *J'arrête enfin de fumer, facilement et pour de bon.* Il ne précise pas que nous parlons de cigarette. Or, certains d'entre vous fument également des joints. On estime en effet que 16 % des fumeurs consomment du cannabis, contre 1 % chez les non-fumeurs[2]. Est-ce votre cas ? Je pourrais ne pas en parler et faire l'autruche mais vous êtes tellement nombreux à me confesser une consommation plutôt régulière, consommation qui peut avoir un tel impact sur votre arrêt du tabac, que je ne peux pas ne pas en parler. Le joint a des vertus apaisantes qui vous permettent de déconnecter, de vous mettre dans votre bulle, de réguler votre humeur. OK. Le problème, c'est que le THC et le tabac augmentent leurs effets respectifs. Ainsi, si vous fumez des cigarettes et des joints, vous serez plus dépendant à la cigarette qu'un non-fumeur de joints. Votre sevrage pourra donc être plus compliqué. **C'est important de le savoir pour l'anticiper.**

Ce qu'il est également important d'anticiper, c'est que, pour réussir votre arrêt du tabac, il ne faudra plus consommer de tabac du tout : même dans les joints. Sinon vous mettrez à mal le sevrage de la nicotine en cours et vous risquerez de rechuter une fois ce dernier terminé.

Des solutions existent :

1. Remplacer le tabac par des plantes séchées comme la sauge (l'inconvénient de cette option, c'est que vous gardez la combustion, donc les goudrons et le monoxyde de carbone...).

2. Marques C, Quatremère G, Guignard R, Andler R, Pasquereau A, Nguyen-Thanh V. *Focus. Les fumeurs français : qui sont-ils ?* « Résultats du Baromètre de Santé publique France 2017 ». *Bull Epidémiol Hebd.* 2020 ; (14):291-4. http://beh.santepubliquefrance.fr/beh/2020/14/2020_14_3.html

2. Vapoter du cannabidiol (CBD). C'est une molécule apaisante présente dans le cannabis, elle est différente du THC qui est la molécule psychoactive. Vous pouvez acheter des e-liquides qui respectent la norme CE en boutique ou sur le Web.
3. Utiliser un vaporisateur qui chauffera l'herbe que vous y aurez déposée, ce qui libérera ainsi les principes actifs.
4. Utiliser le cannabis sous d'autres formes, en l'intégrant par exemple dans des préparations culinaires et en l'ingérant. Attention cependant aux effets qui, à doses égales, sont beaucoup plus forts lorsque le cannabis est consommé de cette façon et aux effets qui durent beaucoup plus longtemps.

Vous pouvez également profiter de l'arrêt du tabac pour tout stopper. C'est à vous de voir. Arrêter tout en même temps peut faciliter la tâche à certains mais paraître insurmontable à d'autres.

Si vous souhaitez plus d'informations et/ou accéder à une liste de praticiens et de structures qui accompagnent les personnes qui veulent se défaire du cannabis, je vous recommande de vous rendre sur le site Addict Aide/Le village des addictions (https://www.addictaide.fr/cannabis/)

C'est à vous !

Maintenant que je vous ai présenté les quatre objectifs possibles, lequel choisissez-vous ?

Mon objectif :..

***

Ça y est, tous les éléments sont réunis pour commencer à concevoir votre stratégie : vous savez où vous voulez aller et contre quoi vous battre. Commençons par la dépendance physique. Si vous n'êtes pas concerné, vous pouvez passer directement en jour 17.

JOUR 16
Quelle méthode pour traiter ma dépendance physique ?

Il existe deux façons de se sevrer de la nicotine :

1. avec de la nicotine de substitution qui apaisera les symptômes de manque ;
2. sans nicotine de substitution. Dans ce cas, des méthodes naturelles peuvent apaiser les symptômes de manque pour vous rendre la vie plus facile. Nous verrons cela en jour 17.

La nicotine de substitution peut être prise sous différentes formes que nous allons passer en revue aujourd'hui.

LES SUBSTITUTS NICOTINIQUES

Il existe deux sortes de substituts nicotiniques : **les formes transdermiques** (les patchs) et les **formes orales** (pastilles, gommes, inhaleur, spray). Les patchs délivrent de la nicotine en continu pendant toute la journée, les formes orales en délivrent de façon ponctuelle, à chaque prise.

Si votre score au test de Fagerström est supérieur à 4, cela signifie que vous avez besoin d'un taux de nicotine important pour maintenir la jauge au vert dans votre cerveau et ainsi limiter les symptômes de manque. Les patchs seront un super outil car ils vont satisfaire votre cerveau en nicotine en continu sur la journée. Exit alors les symptômes de manque et à vous la zénitude !

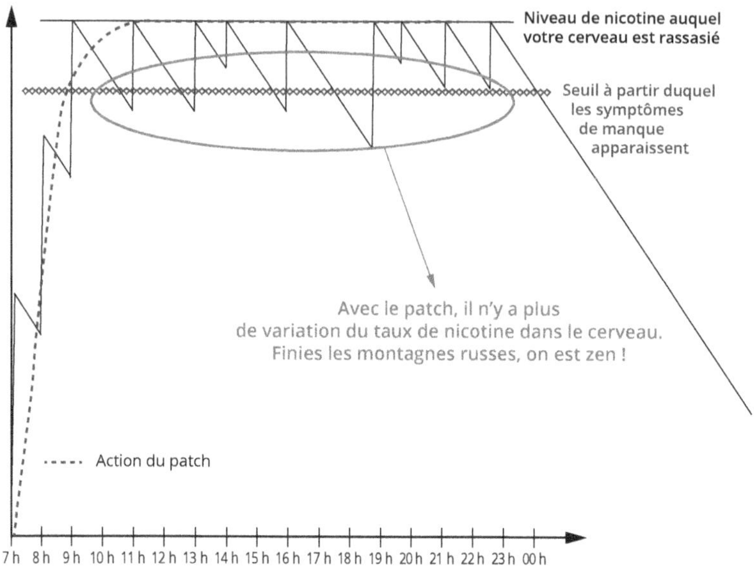

Les patchs nicotiniques – en plus d'annuler les symptômes de manque – vont aider vos récepteurs à se fermer. Rassasiés en continu, les bulldogs vont aller se coucher tranquillement dans leur niche et faire un long sommeil. Très long, pour peu que vous respectiez ces deux règles :

1. Utiliser les patchs le temps nécessaire.
2. Une fois fait, ne plus jamais refumer une cigarette. Sinon ils se réveilleraient tous d'un coup. Vous imaginez devoir tout recommencer ? Soyez flemmard !

Comment trouver la dose qu'il me faut ?

Il existe différents types de patchs : les patchs 24 heures (que l'on gardera la nuit) et les patchs 16 heures (que l'on enlèvera avant de se coucher). Ils ont tous les deux trois différents dosages : 7 mg, 14 mg et 21 mg pour ceux de 24 heures, et 10 mg, 15 mg et 25 mg pour ceux de 16 heures. La durée de diffusion n'étant pas la même, on estime que les différents paliers sont équivalents (les 21 mg de 24 heures équivalent les 25 mg en 16 heures).

Pour estimer la dose dont un fumeur a besoin, on part généralement du principe que 1 mg de patch 24 heures équivaut à une cigarette. Donc si vous fumez un paquet de 20 cigarettes par jour, on peut imaginer qu'un patch à 21 mg/24 heures (ou un patch 25 mg/16 heures) vous conviendrait pour débuter le processus. Mais cette évaluation n'est pas sûre à 100 % et dépend d'autres facteurs.

1. La façon dont vous tirez

Si vous fumez deux fois plus vite que vos voisins, c'est que vous prenez plus de nicotine sur une cigarette que la moyenne. À l'inverse, si vous fumez légèrement, que vous n'aspirez pas profondément et/ou que vous ne fumez pas vos cigarettes jusqu'au bout, alors il y a fort à parier que vous tiriez moins que la moyenne.

2. Ce que vous fumez

Les cigarettes roulées par exemple donnent en moyenne deux fois plus de nicotine (et de produits chimiques) que les cigarettes industrielles, et ce pour deux raisons. D'abord parce qu'elles sont roulées de façon moins homogène qu'une cigarette industrielle donc il faut souvent les rallumer et/ou tirer plus fort. Ensuite parce que ce tabac contient plus d'agents de texture et de saveurs que le tabac des cigarettes industrielles (pour le maintenir humide plus longtemps notamment). Or ces agents sont autant de produits chimiques toxiques de plus.

Pour les cigarillos, c'est deux à trois fois plus de nicotine qu'une cigarette industrielle, et quatre à six fois pour les joints. Pour les chichas, on estime qu'une bouffée équivaut à une cigarette. Et malheureusement cela ne change rien si votre cigarette est light.

La chicha : la fausse bonne idée

En réalité, et contrairement à ce qu'elle pourrait laisser croire, **la chicha est *bien plus dangereuse* que la cigarette.** L'eau a la réputation d'agir comme un filtre, ce qui est le cas pour les grandes particules mais pas pour les petites… qui sont les plus dangereuses ! Ajoutons à

J'ARRÊTE ENFIN DE FUMER

cela que le tabac utilisé contient plus de produits toxiques que celui de la cigarette classique car il y a plus d'agents de texture (pour maintenir le tabac humide) et de saveurs (les fameux arômes qui sont également des produits chimiques). **Tout cela fait qu'*une bouffée de chicha équivaut à une cigarette* en termes de quantité de produits toxiques et de nicotine inhalés.** Ajoutons enfin à cela le fait que fumer en groupe facilite la transmission de microbes. Vous l'aurez compris, la chicha n'est pas du tout l'alliée de votre santé.

C'est à vous !

Pour estimer votre dose de départ, servez-vous de ce tableau ci-dessous (les coefficients multiplicateurs sont des moyennes, il faudra ensuite ajuster en fonction de la façon dont vous tirez) :

Type de cigarette	Nombre de cigarettes fumées par jour (ou de bouffées pour la chicha) = A	Coefficient à appliquer = B	Quantité nécessaire (en mg) = AxB
Cigarette industrielle classique		x 1	
Cigarette industrielle + menthol		x 2	
Cigarette roulée		x 2	
Cigarillos		x 3	
Joint		x 5	
Bouffées de chicha		x 1	
TOTAL			....

Vous vous demandez sûrement pourquoi les cigarettes menthol figurent encore dans cette liste, alors qu'elles sont interdites à la vente ? Parce qu'à l'heure où j'écris ce livre, certaines entreprises du tabac vendent des produits dérivés, comme des petits buvards imprégnés de menthe, à placer dans le paquet pour imprégner les cigarettes. D'autres fumeurs ajoutent des gouttes d'huiles essentielles de menthe dans leur paquet. Le goût est certes meilleur, mais rappelez-vous que le menthol augmente la nocivité de la cigarette. Le mieux reste donc d'éviter d'en ajouter, sous quelque forme que ce soit.

Reprenons l'exemple de Léa qui fume, sur une journée classique, 11 cigarettes industrielles classiques :

Cigarette industrielle classique	11	x 1	11 mg

Les dosages de patchs et des e-liquides ne sont pas si précis, il faut donc savoir maintenant s'il vous est recommandé **d'arrondir au-dessus ou au-dessous.** Pour ce faire, regardez comment vous fumez : tirez-vous plutôt fort ou légèrement sur vos cigarettes ? Léa, par exemple, tire assez fort donc elle optera pour les patchs de 14 mg sur 24 heures ou 15 mg sur 16 heures.

Être bien dosé en nicotine est primordial car cela augmentera de 50 % vos chances de réussite de sevrage[3]. Je vous recommande donc de prendre le temps de trouver votre juste dose. Pour ce faire, n'hésitez pas à opter pour la dose du dessus et à redescendre si nécessaire. Vous ne risquez rien si ce n'est de ressentir des symptômes de surdosage : nausées, maux de tête, augmentation du rythme cardiaque, goût désagréable dans la bouche, vertiges, insomnies. Dans ces cas-là, il faudra retirer votre patch et les symptômes s'estomperont rapidement. Ensuite il faudra baisser le dosage (palier du dessous de votre patch, ou retirer 3 mg de nicotine à votre e-cigarette).

Le résultat que vous devez rechercher est cet état de sérénité dont je vous parlais, ainsi que l'absence d'envie physique de fumer (ou une réduction très nette si vous avez opté pour la réduction). Et n'ayez pas peur de prendre *trop* de nicotine : j'ai rencontré des personnes qui portaient trois patchs de 21 mg ! Écoutez votre corps.

3. Hartmann-Boyce J, Chepkin SC, Ye W, Bullen C, Lancaster T. « Nicotine replacement therapy versus control for smoking cessation », in: *Cochrane Database Syst Rev.* 2018 ; 5(5):CD000146. Published 2018 May 31. doi:10.1002/14651858.CD000146.pub5

À l'inverse, si vous ressentez des symptômes de manque (ou que vous fumez toujours 5 cigarettes ou plus si vous êtes en réduction), c'est que vous n'êtes pas assez dosé. Dans ce cas, augmentez la dose : soit en passant à la dose de patch supérieure, soit en prenant des formes orales si la dose de patchs du dessus vous amène trop haut.

Les symptômes de manque	Les symptômes de surdosage
Anxiété, agitation, irritabilité, troubles du sommeil, troubles de la concentration, fringales, humeur dépressive.	Nausées, maux de crâne, augmentation du rythme cardiaque, goût désagréable dans la bouche, vertiges, insomnies.

Comment utiliser les patchs

Je vous conseille de revoir votre organisation du matin pour pouvoir mettre votre patch le plus rapidement possible. Le patch n'agit pas tout de suite donc plus tôt vous le mettrez, plus vite vous serez zen ! Alors, au saut du lit, filez sous la douche puis mettez votre patch sur peau sèche. Épaule, omoplate, poitrine, dos, cuisse, mollets, plante des pieds, tout est possible pourvu qu'il n'y ait pas de poils. **Chaque matin, il faudra changer votre patch de place pour éviter une réaction de la peau.** En fonction des patchs que vous aurez choisis, vous dormirez ou non avec lui. Pour savoir quel patch choisir entre ceux que l'on retire avant de dormir (patchs 16 heures) et ceux que l'on garde la nuit (patchs 24 heures), regardez comment vous fumez : vous réveillez-vous la nuit pour fumer ? Êtes-vous ultra tendu le matin au réveil ? Si c'est le cas, je vous conseille le patch 24 heures. Dans les autres cas, je vous conseille le patch 16 heures. Lors d'un de mes suivis, j'ai rencontré un homme très dépendant physiquement qui fumait également des joints le soir seul chez lui. Il avait eu l'idée de mettre son patch non plus le matin mais tous les jours à 16 heures. De cette façon, il était paré pour affronter sa soirée, sa nuit et surtout son réveil – il fumait généralement 3 cigarettes au lever. Écoutez votre corps et écoutez-vous !

Une fois que vous aurez trouvé le bon dosage de patch, il faudra rester à ce palier pendant au minimum un mois avant de passer à celui du dessous.

Au bout de 4 semaines, faites le bilan :

- Vous avez fumé quelques cigarettes durant ce mois (ou plus de 5 cigarettes alors que vous êtes en réduction) ? Vous avez ressenti des symptômes de manque ?

➤ Attendez encore une semaine avant de passer à la dose inférieure et refaites le point ensuite. Rassurez-vous : vous pouvez rester autant de temps que vous voulez à un palier, donc ne vous mettez pas la pression.

- Vous êtes zen, tout va bien.

➤ Vous pouvez passer à la dose en dessous. (Et si au niveau inférieur vous recommencez à sentir des symptômes de manque, pas de panique, remontez à la dose au-dessus pour une semaine !)

Une fois que vous serez descendu d'un niveau, il faudra suivre le même processus : un mois minimum avec bilan en fin de mois et prolongement si nécessaire. Vous continuerez ainsi jusqu'à ne plus avoir besoin de patch !

Utilisation du patch

1. Chaque jour (idéalement le matin), je mets un nouveau patch sur une nouvelle zone, propre, sèche et sans poil.
2. À la fin de sa durée d'utilisation, je le retire (au bout de 16 heures ou de 24 heures).
3. Je reste un mois minimum par palier et je n'hésite pas à rester plus longtemps si je pense que c'est nécessaire.

Et les formes orales ?

Il existe différents types de formes orales : les gommes, les pastilles, les comprimés sublinguaux, l'inhaleur et le spray. La particularité de la nicotine en forme orale est **qu'elle ne passe *que* par la bouche**. Dès que vous l'avalez, elle tombe dans le système digestif qui ne laisse pas passer la nicotine (efficacité nulle, donc !). Ainsi, les gommes ne sont pas des chewing-gums qu'il faut mâcher de façon continue. Ce sont des dragées remplies d'un liquide à la nicotine. Il faut les croquer, garder le liquide dans la bouche jusqu'à disparition du goût, recroquer jusqu'à ce que le liquide en bouche soit absorbé à nouveau par la paroi buccale et ainsi de suite jusqu'à ce que le liquide ait été totalement épuisé. Pour la pastille et les comprimés sublinguaux, c'est la même chose. Il ne faut pas les croquer, ni les sucer, il faut les laisser fondre. Pour l'inhaleur, il ne faut pas avaler les gouttelettes de nicotine mais les garder en bouche. Pour le spray, il ne faut pas le diriger vers le fond de la gorge mais vers l'intérieur de la joue.

Ces formes orales sont de très bons outils d'appoint qui peuvent être utilisés en complément des patchs si vous êtes dépendant physiquement – notamment dans des moments de consommation psycho-comportementale comme les soirées (alcoolisées ?) entre amis –, mais aussi seuls pour les fumeurs occasionnels.

À vous de choisir la forme qui vous correspond le mieux tout en sachant que celle qui agit le plus vite est le spray, que c'est également le format le plus discret, mais que son effet est celui qui disparaît le plus rapidement.

Les substituts nicotiniques sont en majorité pris en charge par la Sécurité sociale sur présentation d'une prescription médicale.

Vous êtes enceinte ? Vous pouvez utiliser des substituts !

Contrairement à ce peuvent dire encore certains médecins, fumer (même quelques cigarettes par jour) est dangereux pour le fœtus. Il est donc recommandé à toutes les femmes enceintes d'arrêter complètement le tabac pendant toute la grossesse et pendant toute la durée de l'allaitement. La bonne nouvelle, c'est que les substituts nicotiniques peuvent tout à fait être utilisés : que ce soient les patchs (16 heures idéalement), les formes orales mais aussi la cigarette électronique. En effet, une étude[4] publiée en 2018 dans l'*American Journal of Obstetrics & Gynecology* a démontré que, contrairement au tabagisme, vapoter pendant la grossesse n'avait pas d'incidence sur le poids du bébé ni sur la naissance prématurée de ce dernier.

LA CIGARETTE ÉLECTRONIQUE

La cigarette électronique avec nicotine joue le même rôle que les patchs en délivrant de la nicotine sans shoot. De cette façon, il n'y a pas d'addiction physique au e-liquide et le cerveau ferme progressivement ses récepteurs nicotiniques. Le processus sera tout de même plus long qu'avec des patchs (comptez trois mois par palier avec la vapoteuse), d'autant plus qu'une fois arrivé à 0 mg de nicotine, il est recommandé de rester au minimum trois mois à ce palier avant de ranger son e-cigarette définitivement au placard.

4. McDonnell B, Bergin E, Regan C. : « Electronic cigarette use in pregnancy is not associated with low birth weight or preterm delivery ». Elsevier, in : *American Journal of Obstetrics and Gynecology*. January 2019. https://doi.org/10.1016/j.ajog.2018.11.207

J'ARRÊTE ENFIN DE FUMER

Comment trouver la cigarette électronique qui me convient ?

Le plus compliqué avec la e-cigarette, c'est de trouver la bonne : celle qui remplacera la cigarette dans votre cœur dès sa première utilisation. Pour ce faire, vous devez rechercher le plaisir ! Portez votre vigilance sur trois points :

1. Prendre la bonne dose de nicotine : il faut être rassasié.
2. Faire les bons réglages : aspirer la vapeur doit vous faire le même effet dans la gorge que d'aspirer la fumée de cigarette. On appelle ça le *hit* : la gorge qui se serre légèrement au passage de la fumée. Si la puissance est trop forte vous tousserez, donc vous ne l'apprécierez pas ; et si elle est trop légère, vapoter n'aura pas d'intérêt.
3. Choisir un parfum gourmand : il faut que le goût de votre e-liquide ringardise littéralement celui de votre cigarette. Les personnes qui ont trouvé la vaporette de leur cœur ne peuvent plus fumer de cigarette, elles les trouvent dégoûtantes !

Comme je vous le disais hier, je vous recommande vivement de vous rendre en boutique pour choisir votre matériel et votre/vos liquide(s). Les vendeurs vous écouteront, vous guideront vers les produits qui vous correspondent, et vous expliqueront tout ce qu'il faut savoir pour que votre expérience soit la meilleure possible.

Arrêter de fumer avec la cigarette électronique est la méthode la plus douce et la plus confortable car on se sèvre de la dépendance physique tout en gardant ses habitudes, ses petits plaisirs. En résumé, on fait infiniment moins de mal à sa santé qu'avec une cigarette et on gère sa dépendance physique (et c'est déjà incroyablement bien !). Malheureusement, on ne règle pas sa dépendance psycho-comportementale, on risque même parfois de l'étoffer. Je rencontre beaucoup de personnes qui me disent qu'elles ont introduit la vaporette dans des endroits où elles avaient banni la cigarette (par exemple, chez elles, dans leur voiture...). Et c'est logique : la nicotine de la e-cigarette n'arrivant pas en shoot, il faut généralement « biberonner » sa vapoteuse pour avoir sa dose. C'est ce qui fait que l'on a souvent le sentiment que nos proches vapoteurs sont sans cesse avec leur cigarette électronique à la bouche. En réalité, ils ne prennent pas plus de nicotine qu'avant, ils prennent leur juste dose, mais cela prend plus de temps. Sachant cela, à vous d'être vigilant ou de séquencer votre arrêt sans culpabilité : d'abord la dépendance physique, le reste plus tard ! Une autre option est de mettre un patch en parallèle, de cette façon vous aurez votre dose de nicotine plus rapidement et aurez moins besoin de vapoter.

Témoignage de John

J'ai mis vingt ans à arrêter de fumer. Ce n'est pourtant pas faute d'avoir essayé ! Tous les ans, pendant deux décennies, je tentais ma chance une à deux fois. Sans succès évidemment... Et jamais très longtemps. J'ai toujours dit, pour rigoler, que j'arrêterai quand j'aurais une femme et des enfants et, au final, c'est ce qui s'est passé. Il était impossible pour celle qui est devenue ma femme de vivre sur le long terme avec un mari fumeur et moi, il faut être sincère, je ne me voyais pas du tout être un père fumeur ! Le déclic a donc été mon mariage et ma solution, la cigarette électronique. Elle est devenue ma béquille et elle m'a permis de gérer toutes les situations compliquées. Notamment celles où tu es entouré de fumeurs, ou bien quand tu es particulièrement stressé... La cigarette électronique, à mon sens, ce n'est pas aussi bien que d'arrêter complètement parce qu'on a toujours le geste, mais les effets positifs sont vraiment là : maintenant je ne tousse plus, je ne suis plus essoufflé, je ne suis plus fatigué et j'ai dit au revoir aux mauvaises odeurs. Je vois une vraie différence au quotidien.

Quid des médicaments ?

Des médicaments peuvent vous être prescrits par des médecins dans le cadre de votre arrêt du tabac. Il s'agit du Champix® et du Zyban®. Une étude de 2008 a prouvé que le Champix® était aussi efficace que l'association patchs + formes orales, et que le Zyban® était aussi efficace que les patchs seuls[5].

Le Champix® est pris en charge par la Sécurité sociale. Il est prescrit aux fumeurs très dépendants physiquement (score à Fagerström supérieur à 7) et dans le seul cas où un arrêt avec substituts nicotiniques n'aurait pas porté ses fruits au préalable. Sa particularité : il agit comme un bouchon et bloque les récepteurs nicotiniques. La nicotine ne pouvant plus se clipper, il n'y a plus de production de neurotransmetteurs, donc plus de plaisir.

Le Zyban®, lui, n'est pas pris en charge par la CPAM et ne sera recommandé qu'après un essai infructueux du Champix®.

Problème de ces deux médicaments : les effets secondaires sont violents. On peut lire dans le dictionnaire Vidal[6] que le Champix® « peut entraîner des modifications du comportement ou de l'humeur, notamment agitation, hostilité, agressivité envers soi-même ou envers les autres, dépression », et que le Zyban® risque de causer des effets secondaires fréquents tels que « nausées, vomissements, constipation, sécheresse de la bouche, douleur abdominale, insomnie, tremblements, troubles de la concentration, maux de tête, vertiges, dépression, agitation, anxiété, réaction allergique, perturbation du goût »[7]. On est loin de l'arrêt du tabac dans le confort que je prône. Ces médicaments sont donc à utiliser en dernière intention.

Voyons maintenant comment des méthodes naturelles peuvent vous aider à atténuer les symptômes de manque.

---

5. Source : Stead LF, Perera R, Bullen C, Mant D, Lancaster T. *Nicotine replacement therapy for smoking cessation. Cochrane Database of Systematic Reviews* 2008, Issue 1. Art. No.: CD000146. DOI: 10.1002/14651858.CD000146.pub3
6. https://eurekasante.vidal.fr/medicaments/vidal-famille/medicament-gp2678-CHAMPIX.html
7. Source : https://eurekasante.vidal.fr/medicaments/vidal-famille/medicament-gp580-ZYBAN.html

JOUR 17

J'optimise mon arrêt et le rends plus confortable avec des méthodes naturelles

Si vous êtes réfractaire à l'idée d'utiliser de la nicotine, sachez qu'il est possible d'agir ponctuellement sur les symptômes de manque grâce à des méthodes naturelles. Toutes celles que je vais vous citer font partie de l'arsenal utilisé en naturopathie, une approche reconnue par l'OMS (Organisation Mondiale de la Santé) et classée par cette dernière en 2001 comme troisième médecine traditionnelle mondiale, après les médecines traditionnelles chinoises et ayurvédiques. Son objectif est de prévenir les maladies, de garantir le capital santé de chacun et de le booster en agissant dans deux directions : la détoxification et la revitalisation.

Pour vous prodiguer les meilleurs conseils possibles, je suis repartie des différentes branches de la naturopathie : l'alimentation, l'exercice physique, la relaxation et la gestion du stress (j'aborderai ce point en jour 20), la phytologie, les réflexologies, l'hydrologie, les techniques énergétiques et vibratoires.

Toutes ces techniques pourront vous être très utiles dans le cadre de l'arrêt du tabac (en minimisant les effets secondaires du sevrage mais aussi en aidant votre corps à se nettoyer plus vite), mais aussi de façon plus générale pour améliorer votre qualité de vie.

Attention, à aucun moment ces pratiques ne viennent remplacer la médecine conventionnelle. Elles ne viennent qu'en complément, en support, et après vérification d'éventuelles contre-indications.

L'ALIMENTATION

« Que ton aliment soit ton seul remède. »

— **Hippocrate**

« Seul remède », c'est sans doute extrême. En tout cas, la santé commence dans l'assiette, ça c'est certain ! Donc si cette dernière est équilibrée, elle vous fournira tous les nutriments dont votre corps a besoin ; ce qui boostera votre vitalité et, par ricochet, votre capital santé. **Mais cela va encore au-delà du simple équilibre alimentaire car certains aliments vous aideront à détoxifier votre corps et d'autres à renormaliser votre production de neurotransmetteurs plus vite. Cela rendra votre arrêt du tabac plus rapide et plus confortable, donc plus solide.**

Pour revoir les bases d'une alimentation équilibrée, je vous invite à relire l'encadré du jour 3.

Penchons-nous maintenant sur ce qui peut vous aider à détoxifier votre corps plus vite.

En premier lieu : l'eau ! Ça paraît évident mais l'eau est le meilleur « nettoyant » de votre corps. Il capte les éléments indésirables et les évacue *via* les reins, la vessie et la sueur, permettant ainsi de drainer ces deux organes vitaux. Je vous rappelle que le tabac est un facteur de risque majeur pour le cancer de la vessie car les éléments qui ont été filtrés par le corps s'y retrouvent avant d'être définitivement expulsés. Reste que si vous ne buvez pas assez d'eau, vous n'urinerez pas assez et ces éléments resteront bloqués dans la vessie en attente d'évacuation. Donc plus vous urinerez, moins ils seront stockés longtemps dans la vessie, moins cette dernière sera attaquée. En conclusion, pendant l'arrêt, c'est idéalement 1,5 litre d'eau faiblement minéralisée, voire 2 litres par jour qu'il faut boire !

N'hésitez pas également à mettre le paquet sur les fruits et légumes qui, en plus d'êtres riches en eau, sont également sources de vitamines, minéraux et antioxydants dont le fumeur est carencé. Recherchez en priorité à faire le plein de vitamines A, B, C et E, de magnésium, de fer, de sélénium et de zinc. Pas de panique, en ayant une alimentation équilibrée et variée (voir jour 3), vous obtiendrez tout cela naturellement.

Certains aliments vous aideront spécifiquement pendant votre arrêt du tabac en boostant votre système immunitaire et en facilitant le nettoyage : c'est le cas de l'ail et de l'oignon.

D'autres, comme je vous l'annonçais en jour 6, permettent la production de neurotransmetteurs. Vous produirez de la dopamine en consommant des produits riches en tyrosine, c'est-à-dire des produits d'origine animale (œufs, produits laitiers, viandes, poissons), des oléagineux (amandes, noix, noix de cajou) mais aussi du soja, des avocats, des champignons, des haricots verts, des graines de sésame (entre autres !). L'idéal étant d'éviter d'associer ces aliments à des produits à index glycémique élevé qui empêcheraient l'absorption de la tyrosine (donc on oublie les produits raffinés !), ainsi qu'au café qui inhibe l'absorption du fer nécessaire à sa synthèse.

Vous produirez de la sérotonine en consommant des produits riches en tryptophanes : légumineuses, céréales complètes, bananes, graines de tournesol, noix et noix de cajou. Veillez toutefois à ne pas les consommer en même temps que les produits riches en tyrosine car les deux rentrent en concurrence et c'est la tyrosine qui gagnerait. L'idéal est de consommer ces produits au goûter ou au dîner et de les associer à des glucides qui favorisent l'assimilation des tryptophanes.

Pour booster votre production de noradrénaline, il faut commencer par favoriser la production de dopamine car cette dernière est un précurseur de la noradrénaline.

Les aliments recommandés pendant l'arrêt du tabac

Beaucoup d'eau, des fruits et légumes (vive l'ail et l'oignon), des légumineuses, des protéines animales (au cours des petits déjeuners et déjeuners et sous forme principalement de poissons gras et d'œufs), des céréales complètes, des graines et oléagineux.

L'EXERCICE PHYSIQUE

Je vous ai également parlé des bienfaits du sport et du mouvement en général sur l'arrêt du tabac (voir jour 3). Comme je vous le disais, l'activité physique génère de nombreux neurotransmetteurs (dopamine, sérotonine, endorphines, et même de la noradrénaline si vous faites des sports de haute intensité) qui soulageront votre cerveau pendant votre arrêt et qui vous aideront à voir la vie en rose. Mais pas que ! L'activité physique accélère également la détoxification de l'organisme, booste les défenses immunitaires (aidant ainsi votre corps à se réparer plus vite), et enfin vous prémunit de la prise de poids que vous redoutez peut-être.

Quels sports privilégier, pour quel(s) effet(s) ?

Le renforcement musculaire vous permettra d'éviter la prise de poids. Et ce pour la simple raison que les muscles consomment plus d'énergie que la graisse. Donc en augmentant votre masse musculaire, vous consommerez plus de calories au repos, exactement comme le faisait votre cigarette. Le renforcement musculaire améliorera aussi vos capacités cardiaques et renforcera votre densité osseuse (qui a été mise à rude épreuve lorsque vous fumiez). Enfin, il vous permettra de lutter contre l'anxiété et l'humeur dépressive qui sont des symptômes du manque de nicotine.

Tous les sports d'endurance (running, natation, roller, vélo, zumba, danse…) vous aideront à améliorer vos capacités cardiaques et respiratoires. Deux points qui vous seront très bénéfiques pendant votre arrêt du tabac. Ils vous aideront également à détoxifier plus vite votre corps en activant la circulation sanguine et l'élimination des toxines par les poumons et la transpiration. Dernier intérêt des sports d'endurance, et non des moindres : en produisant des endorphines, de la dopamine et de la sérotonine, ils réguleront votre moral, votre humeur et votre sommeil (à condition de laisser au moins deux heures entre la fin de votre séance de sport et votre coucher !).

Est-il recommandé de faire du sport quand on fume ?

Non ! Fumer augmente le rythme cardiaque, tout comme le sport. Donc fumer quand on fait du sport est dangereux. La Fédération Française de Cardiologie recommande d'ailleurs de ne pas fumer dans les deux heures qui précèdent une séance de sport et dans les deux heures qui la suivent.

LES TECHNIQUES RESPIRATOIRES

Des exercices respiratoires de yoga, comme le Kapalabhati, peuvent vous aider à purifier votre système respiratoire. Pour réaliser cet exercice, asseyez-vous confortablement (et le ventre vide !). Posez vos mains sur vos cuisses et gardez le dos bien droit tout en maintenant la courbure naturelle du dos.

L'exercice se fait en deux étapes :

1. Faites deux cycles de respiration lente et profonde par le nez.
2. Expirez d'un coup sec en rentrant et contractant le ventre, cela va expulser l'air d'un coup sec par le nez (comme si vous vous mouchiez !). Répétez vingt fois.

N'hésitez pas à aller voir des tutos sur YouTube.

LA PHYTOLOGIE

J'ai moi-même beaucoup recours aux plantes pour soigner mes petits maux ainsi que ceux de ma famille. Elles pourront vous être utiles pendant votre arrêt de la cigarette.

La phytothérapie, bien que faisant appel à des produits naturels, peut présenter des contre-indications (par exemple, pour les femmes enceintes ou allaitantes ou pour les personnes sous traitement allopathique). Dans tous les cas, demandez toujours conseil à votre médecin ou à votre pharmacien avant de commencer un traitement. Les huiles essentielles en particulier ne sont pas anodines et peuvent être dangereuses pour les enfants, les femmes enceintes ou allaitantes et les personnes épileptiques. Dans cette partie, je vous donne des suggestions de plantes qui pourront vous soutenir pendant votre arrêt du tabac ou vous aider à faire face à certains maux liés à ce dernier. Volontairement, je ne vous donne pas de posologie, pour vous inciter à vérifier en amont que vous n'avez pas de contre-indications. Pour ce faire, vous pouvez commencer par vous renseigner sur des sites Internet de confiance (comme Aroma Zone) ou des livres de référence (notamment *Ma bible des huiles essentielles* de Danièle Festy). Le mieux étant de demander conseil à un naturopathe, un phytothérapeute ou un aromathérapeute (spécialiste des huiles essentielles) qui saura vous faire une prescription sur mesure, qui prendra en compte d'éventuelles contre-indications et/ou interactions avec d'autres traitements en cours. Enfin, veillez à acheter des huiles essentielles bios et de marques qui ont pignon sur rue (Pranarom ou Aroma Zone pour les huiles essentielles, par exemple).

1. Pour vous accompagner dans le sevrage de l'addiction

Le **kudzu** est une plante utilisée depuis des millénaires en Asie pour réduire les envies d'alcool et de tabac. Cette racine réduit également la sensation de manque et les symptômes du sevrage telle que l'irritabilité. Elle peut donc être un précieux allié.

2. Pour vous aider à lutter contre les symptômes de sevrage

(Dans le cas où vous ne prendriez pas de nicotine de substitution, car dans le cas contraire vous ne ressentirez pas ces symptômes)

Pour lutter contre les troubles de l'humeur et avoir un bon sommeil

Vous pourrez vous tourner vers les gélules de **coquelicot**, de **Griffonia 5-htp** ou d'**aubépine**.

L'huile essentielle de **mandarine** pourra aussi vous accompagner, tout comme celle de **camomille romaine** (pour les troubles nerveux spécifiquement).

Pour les troubles du sommeil spécifiquement

Tournez-vous vers les incontournables infusions de **camomille**, de **tilleul** et de **verveine** ! Choisissez-les bios idéalement, ce serait dommage de vouloir se faire du bien et de boire des pesticides. Les huiles essentielles d'**orange douce** et de **marjolaine** pourront aussi vous aider.

Pour chasser l'humeur dépressive

Vous pourrez vous tourner vers les huiles essentielles de **litsée citronnée** ou de **camomille romaine** (encore elle).

Les plantes adaptogènes peuvent également vous aider. Elles ont comme particularité d'accompagner le corps dans les périodes de changements qui sont généralement génératrices de stress (comme l'arrêt du tabac !) en rendant votre corps plus résistant face aux agressions et en luttant contre la fatigue. La **rhodiola rosea**, en particulier, peut spécialement vous aider car, en plus de ce qui vient d'être cité, elle aide à lutter contre l'anxiété et les humeurs dépressives tout en boostant les fonctions cognitives. Idéale, donc.

Pour garder une concentration au top

L'huile essentielle de **menthe poivrée** vous donnera ponctuellement le coup de boost dont vous avez besoin.

Astuce outil de substitution : vous pouvez utiliser un inhalateur d'huiles essentielles de poche dans lequel vous placerez de l'huile essentielle de menthe poivrée et que vous utiliserez à chaque envie !

Enfin, pour lutter contre les fringales

Vous pourrez faire appel au **Gymnema** en gélules.

> **Quelles différences entre tous les formats ?**
>
> **Huiles essentielles :** elles sont en majorité issues de la distillation à la vapeur d'eau de plantes ou de sèves aromatiques. Elles sont la partie huileuse résultant de cette distillation (la partie aqueuse deviendra l'eau florale ou l'hydrolat ; cette forme, moins chargée en actifs, sera principalement utilisée dans un but cosmétique). Les huiles essentielles se prennent sur des comprimés neutres (que l'on achète dans les magasins bios ou dans les pharmacies), sur du sucre, dans du miel mais aussi en massage diluées dans des huiles végétales ou en olfaction.
>
> **Huiles végétales :** elles sont issues de pression à froid de plantes oléagineuses. La plus utilisée avec les huiles essentielles, et que je vous recommande, est l'huile d'amande douce.
>
> **Teintures-mères :** ce sont des mélanges hydro-alcooliques provenant d'un mélange de plantes fraîches et d'alcool. Elles se prennent diluées dans l'eau.

3. Pour vous permettre d'accélérer la détoxification de votre corps

Au niveau de votre zone respiratoire d'abord

- L'huile essentielle **d'eucalyptus radiata** : stimulante immunitaire, elle a aussi des propriétés expectorantes qui vous aideront à éliminer les impuretés plus rapidement.
- La **lavande officinale** ou la **lavande vraie** en infusions améliorera vos capacités respiratoires.
- Du **gingembre** en décoction vous aidera à vous débarrasser plus rapidement des impuretés présentes dans votre zone respiratoire.

Au niveau des reins et du foie

Il est intéressant de soutenir votre foie et vos reins pendant le sevrage car ils seront mis à rude épreuve pendant cette période.

- Le **chardon-marie** en teinture-mère pourra les aider à assurer leurs fonctions.
- La sève de **bouleau** (entre mars et avril uniquement) vous aidera à drainer votre sang, vos reins, votre foie mais aussi vos poumons !
- La **prêle**, en plus d'être diurétique, est riche en silicium qui stimule la production de collagène dont le fumeur manque.

4. Pour vous aider à faire face aux petits désagréments de l'arrêt du tabac

Parfois l'arrêt du tabac s'accompagne de petites joyeusetés dont on aimerait bien se débarrasser au plus vite !

Parmi les plus fréquents :
- Les troubles du transit : les huiles essentielles de **gingembre, de bois de hô, de basilic tropical et mandarine** seront vos alliées.
- Les aphtes : l'huile essentielle de **tea-tree** (arbre à thé) facilitera la cicatrisation.

Où trouver ces produits naturels ?

Ils sont commercialisés dans différents réseaux : les pharmacies, parapharmacies, les boutiques bios, les boutiques bien-être et sur Internet évidemment. Si vous optez pour le Web, veillez à bien acheter des produits de bonne qualité et bios !

L'HYDROLOGIE

L'eau peut être utilisée pour détoxifier et/ou revitaliser. Ce peut être sous forme de bain, de douches, en local, avec de l'eau chaude, tiède ou froide.

Vous pouvez par exemple prendre des bains chauds additionnés de branches de **romarin** pour assainir votre zone respiratoire.

Une autre possibilité est le hammam qui vous aidera à éliminer les toxines par la transpiration.

Les douches écossaises, qui consistent à alterner eau chaude et eau froide, ont également de nombreuses vertus comme celles de drainer, de stimuler le système immunitaire et de provoquer une sensation de bien-être. Idéales en cas de coup de blues, donc ! Pour les plus frileux d'entre vous, vous pouvez commencer par terminer votre douche à l'eau froide. Ce sera déjà très bénéfique.

LES TECHNIQUES ÉNERGÉTIQUES

Les techniques énergétiques vont stimuler notre pouvoir d'auto-guérison en agissant sur les points réflexes qui se trouvent sur notre corps : les pieds, les mains, les oreilles, le nez, etc. Nos organes ainsi rééquilibrés pourront effectuer au mieux leur rôle.

Mais ces techniques recèlent d'autres bienfaits ; elles peuvent notamment :

- booster la confiance en soi (en stimulant le point du plexus solaire, par exemple) mais aussi la volonté ;
- aider pendant le sevrage en travaillant les points de la dépendance mais aussi en agissant sur les symptômes de manque tels que les troubles du sommeil, les fringales, l'irritabilité, ou l'anxiété ;
- provoquer la production des neurotransmetteurs et ainsi apaiser le sevrage ;
- changer le goût de la cigarette (foin, métal) en agissant sur les zones réflexes liées aux systèmes digestif et nerveux.

Le travail de ces zones réflexes peut se faire de différentes façons :

- Avec des pressions : c'est le cas de la réflexologie, du shiatsu, du do-in, de l'auriculothérapie.
- Avec des aiguilles : c'est l'acupuncture.
- Avec de la chaleur : avec des bâtons d'armoise (utilisées le plus souvent par un acupuncteur).

• Avec un laser : c'est de la luxopuncture.

Ces techniques sont des supports pour votre sevrage physique. Elles ne vous aideront pas à vous défaire de votre dépendance psycho-comportementale.

Témoignage de Magali

J'étais une grosse fumeuse : un paquet de cigarettes par jour, la première parfois à jeun. Lors de ma troisième grossesse (des jumeaux) je fumais encore 4-5 cigarettes par jour. La sage-femme m'a fait peur, donc trois mois avant le terme, j'ai arrêté de fumer. Bien m'en a pris car sur l'échographie mensuelle de mes bébés, leur courbe de poids a augmenté plus vite le mois qui a suivi l'arrêt du tabac. Pour m'aider à arrêter, j'ai pris rendez-vous dans un centre anti-tabac où j'ai rencontré un médecin. Nous avons parlé de mes craintes, de mes raisons d'arrêter : pour mes bébés, pour ne plus puer le tabac quand je faisais des câlins à mes enfants, pour vivre vieille et voir mes enfants grandir, pour ne plus jeter mon argent par la fenêtre, pour la peau et pour la sérénité de mon couple (mon mari ne fume pas). Après réflexion, nous avons opté pour l'acupuncture. En deux séances le problème était réglé. Ça a roulé tout seul. Comme j'étais enceinte, j'avais des envies alimentaires atypiques qui m'ont aidée dans mon sevrage (merci le radis !) et comme j'ai vite constaté les effets positifs sur la peau, ça m'a motivée à tenir !

Je suis super heureuse d'être sortie de ce fléau.

Et le magnétisme ?

Le magnétisme a un côté mystique car seules les personnes douées de ce don peuvent nous faire bénéficier des bienfaits de la technique. Le principe : le magnétiseur rééquilibre notre système nerveux et calme nos douleurs. C'est une pratique où il y a de nombreux charlatans, alors si cette technique vous inspire, demandez des recommandations autour de vous. Le bouche-à-oreille vous garantira de ne pas vous faire escroquer !

JOUR 18

Je me défais de mes cigarettes psycho-comportementales (zoom sur l'hypnose)

Comme nous l'avons vu au jour 11, les cigarettes comportementales se traduisent par des envies qui, si l'on n'y répond pas, passeront au bout de quelques minutes. Tout l'inverse des cigarettes besoin dont l'envie ne disparaîtra pas tant que l'on n'aura pas donné sa dose de nicotine au cerveau. Je vous redis donc ici l'importance de bien considérer et de bien traiter cette dépendance physique. Cela vous permettra de faire le tri parmi les différentes cigarettes et vous permettre de vous occuper sereinement des cigarettes comportementales et psychologiques.

Aujourd'hui, je vais me concentrer sur les cigarettes comportementales (pop-up et Pavlov) et vous donner des techniques pour vous aider à vous en défaire le plus rapidement possible.

Vous le savez, j'aime beaucoup l'idée que la force vient de nous, de notre mental, de notre volonté de faire changer les choses. Parce que finalement, nous ne sommes jamais mieux servis que par nous-mêmes et c'est en agissant ainsi que vous serez en pleine conscience de votre arrêt du tabac et que vous le rendrez très solide.

La première méthode que je vous propose donc est une méthode en solo. Autrement dit : je vous propose de mettre en place des micro-stratégies pour chaque cigarette concernée. Si cet angle d'approche est trop compliqué ou qu'il met trop de temps à porter ses fruits, vous pourrez tenter l'hypnose. Mais s'il vous plaît, essayez d'abord de trouver des solutions en vous car rappelez-vous **: la magie, c'est vous**.

J'ARRÊTE ENFIN DE FUMER

OPTION N° 1 : JE ME DÉFAIS DE MES AUTOMATISMES EN SOLO

En jours 10 et 11, nous avons fait le point sur vos cigarettes pop-up et Pavlov, autrement dit vos cigarettes réflexes/habitudes. La bonne nouvelle, c'est qu'au même titre que votre cerveau peut créer des conditionnements, il peut également se déconditionner.

Pour ce faire, il y a deux règles simples qui peuvent vous aider :

1. Ne plus jamais associer le tabac à l'élément déclencheur identifié (cela accélérera le processus de déconditionnement).
2. Accélérer le déconditionnement en utilisant une ou plusieurs des trois méthodes ci-dessous :
   1. ***L'évitement*** : comme son nom l'indique, il s'agit d'éviter de vous mettre dans des situations où vous pourriez être confronté à des éléments déclencheurs. Ça peut être facile dans certains cas (faire un détour pour ne pas passer devant votre bureau de tabac, par exemple) mais très difficile dans d'autres (ne plus voir votre meilleur ami en compagnie duquel vous avez toujours beaucoup fumé). Dans mon cas, j'avais clairement fait une connexion entre café et cigarettes. J'ai essayé lors d'un de mes arrêts de le remplacer par du thé, mais la vie sans café et sans cigarette, c'était trop pour moi ! J'ai repris la cigarette... J'avais vraiment le sentiment qu'arrêter de fumer me demandait de trop gros sacrifices. C'est bien la preuve que, pour être définitif, un arrêt du tabac doit être fait dans le confort ! Il doit être une renaissance, et non une torture. Heureusement, il existe des alternatives à l'évitement.
   2. ***Le changement*** : si je reprends le cas de la cigarette-café, il y a fort à parier que vous prenez toujours vos cafés/cigarettes

dans les mêmes endroits. Par exemple le matin, c'est peut-être toujours sur votre terrasse ? Ou après le déjeuner, toujours au pied de l'immeuble de votre travail avec les mêmes collègues ? Une fois que vous aurez arrêté de fumer, il y a fort à parier que continuer à boire votre café sur votre terrasse ou en bas de l'immeuble avec les collègues habituels vous donnera très fortement envie de fumer. Donc, pour mettre toutes les chances de votre côté, essayez de changer les conditions, le temps que le déconditionnement s'opère. Par exemple, le matin, buvez votre café dans votre salon (vous le pourrez maintenant que vous ne fumerez plus !) et à midi, demandez à vos collègues de faire cette pause ailleurs. Ce sera peut-être suffisant pour éviter les envies car cela fera diversion : votre cerveau sera perturbé et pensera à autre chose qu'à la cigarette.

3. ***La substitution*** : ici il s'agit de duper votre cerveau en répondant aux stimuli en troquant la cigarette par autre chose. Si je reprends l'exemple du café-cigarette d'après le déjeuner, pourquoi ne pas troquer votre cigarette par un petit carré de chocolat noir ? Non seulement cela agira sur le conditionnement café-cigarette, mais cela vous donnera également une dose très appréciable de magnésium qui maintiendra votre humeur au beau fixe. Une autre option pour les cigarettes conviviales peut être de remplacer la cigarette par une cigarette électronique sans nicotine.

Ces techniques sont surtout à appliquer pour vos cigarettes Pavlov car les cigarettes pop-up disparaîtront très vite d'elles-mêmes (pour peu que vous aidiez votre cerveau à penser à autre chose, comme je vous en parlais en jour 10).

C'est à vous !

Je vous invite donc à reprendre la liste de vos cigarettes Pavlov (voir jour 11) et à remplir le tableau ci-dessous avec vos stratégies !

Mes cigarettes Pavlov	Quelle stratégie me convient le plus (évitement, changement, substitution)	Comment cela va-t-il se traduire concrètement ?

C'est le moment de ressortir votre petit carnet et d'y noter vos stratégies !

Comme je vous le disais au début de cette journée, ces micro-stratégies pourront mettre un peu de temps à porter leurs fruits, c'est normal. Un cerveau ne se déconditionne pas facilement. Heureusement, il existe une deuxième méthode qui pourra vous donner un coup de pouce non négligeable : l'hypnose.

OPTION Nº 2 : JE ME DÉFAIS DE MES AUTOMATISMES AVEC L'HYPNOSE

L'hypnose fait la une des journaux et des requêtes sur Internet lorsqu'il s'agit de se faire aider pour arrêter de fumer. De nombreuses personnes témoignent de leur expérience et racontent qu'une simple visite d'une heure a changé leur vie. La preuve avec le récit de Cécile.

Témoignage de Cécile

« Vos paupières sont lourdes, vous n'entendez que ma voix... »
Après la volonté, la lecture, l'acupuncture, la sophrologie et une grossesse (et donc de multiples arrêts), j'étais face à un dilemme : j'aime fumer, je suis faible face à la cigarette. Mais je veux arrêter ! Donc j'ai besoin d'aide ! Après quelques échanges avec des collègues, un nom d'hypnothérapeute tombe... Décidée, je prends rendez-vous.
Le jour J, la peur. La peur de l'échéance d'abord. « *Ça y est, dans quinze jours c'est fini... mais pourquoi je fais ça ? J'aime fumer !* » Puis cette peur-là passe le relais à la peur du marabout : « *Et si elle prend le contrôle de mon cerveau ? Me demande de danser nue sur une table ? Si je... et si... et si...* » Plein de barrières hantent mon esprit mais je me rends tout de même au rendez-vous... Je rentre dans son cabinet avec une haleine qui noircirait les poumons d'un non-fumeur... car oui c'était censé être la dernière alors autant vous dire que j'ai fumé plusieurs dernières cigarettes avant l'heure fatidique ! Je suis assise sur un canapé, à côté du docteur. Elle me pose de nombreuses questions sur moi et au bout de trente minutes me dit : « C'est parti, on y va. » Une seule règle : l'écouter et garder mes mains sur les cuisses. Je m'exécute. Au bout de quelques minutes mes yeux se ferment. Vu la semaine que j'ai passée, je pense que je m'endors. Quel gâchis... 80 euros pour dormir, ça va pas du tout ! Et je l'écoute... je l'écoute... Elle m'emmène dans différents univers et au bout d'une demi-heure me dit : « C'est fini ! » Je rouvre instantanément les yeux (tiens je ne dormais pas...) et me souviens de tout (ouf, je n'ai pas fait le chien !). Je sors dubitative de son cabinet en me demandant si je n'ai pas eu affaire à un charlatan... Et pourtant je n'ai pas allumé de cigarette depuis ce jour-là. C'était il y six ans. Merci l'hypnose !

Mais comment fonctionne l'hypnose et est-elle efficace sur tous les fumeurs ?

L'hypnose modifie notre état de conscience en nous mettant en transe hypnotique. Ce terme peut faire peur mais, rassurez-vous, c'est un état tout à fait naturel que vous connaissez très bien puisque vous vous y mettez vous-même très souvent sans vous en rendre compte. Vous savez, quand vous déconnectez... Quand votre vue se trouble et que vous partez dans vos pensées... C'est un état qui est nécessaire car, des études le prouvent, il permet à notre cerveau de réparer des bugs, de faire le ménage. Un peu comme lorsque l'on dort. Sauf que lorsque l'on est hypnotisé, on ne dort pas. On laisse juste ses pensées vagabonder librement, à leur guise, sans les contrôler. En somme, on lâche prise et on fait tomber nos barrières. **Cet état, dans lequel un hypnothérapeute formé vous fera entrer, lui permettra de passer par la porte que vous aurez accepté d'ouvrir, lui laissant ainsi la possibilité de casser les réflexes dont vous voulez vous défaire.** Rien ne se fera sans que vous n'ayez autorisé le praticien à le faire. C'est pour cela qu'il vous interrogera pendant de longues minutes en début de séance : pour comprendre exactement ce que vous souhaitez, et c'est pour cela que vous pourrez vous souvenir de ce qu'il vous aura dit pendant la séance. Vous aurez été bel et bien là.

Ce qu'il faut bien que vous compreniez, c'est que l'hypnothérapeute n'est pas un magicien. Par exemple, il ne pourra rien faire pour votre dépendance physique (c'est pour cela que cette technique ne marche pas sur tout le monde : Cécile n'était pas dépendante physiquement, c'est pour cela qu'une seule séance d'hypnose a suffi à lui faire arrêter le tabac définitivement et dans le confort). Il ne pourra rien faire non plus si vous n'êtes pas motivé pour arrêter de fumer, car à la première occasion vous reprendrez une cigarette. Enfin, il sera d'autant plus facile pour lui de vous aider si vous n'avez pas préparé votre arrêt et analysé les raisons et les situations qui vous font fumer. De cette façon, vous pourrez la briefer, ce qui lui permettra d'agir de façon ciblée et donc d'être ultra efficace.

Les clés pour que l'hypnose fonctionne

1. **Être super motivé pour arrêter de fumer.**
2. **Traiter son éventuelle dépendance physique en amont.**
3. **Avoir bien analysé pourquoi on fume et briefer précisément l'hypnothérapeute.**

Comme pour le magnétisme, prenez garde aux charlatans. Une séance doit être individuelle et s'articuler autour d'une discussion avec le praticien et la séance d'hypnose à proprement parler. Quant à son prix, il ne devrait pas excéder 100 euros.

* * *

Alors solo et/ou hypnose ? Vous l'aurez compris, je vous recommande *a minima* la version solo et en bonus l'hypnose. Avec ces deux méthodes, c'est certain, vous viendrez à bout de vos cigarettes comportementales beaucoup plus rapidement.

L'avantage de l'hypnose, c'est qu'elle agit sur tous les conditionnements, qu'ils soient d'ordre comportemental mais aussi psychologiques. Ainsi, si vous dégainez votre cigarette plus vite que votre ombre quand vous n'allez pas bien, l'hypnose pourra aussi vous aider. Mais pour ces cigarettes, plus que jamais, il faudra briefer très précisément le praticien. Raison de plus pour comprendre en amont les rouages derrière chacune d'elles. Commençons par celles que vous fumez dans des situations positives.

J'ARRÊTE ENFIN DE FUMER

JOUR 19

Je dépasse mes croyances limitantes pour me défaire de mes cigarettes psychologiques (zoom sur les thérapies cognitives)

Qu'ils s'agissent de cigarettes plaisir ou de cigarettes béquille, il se cache toujours derrière les cigarettes psychologiques des schémas de pensée, des croyances que l'on affuble souvent du qualificatif de « limitantes ». Pourquoi ? Parce qu'on prend toutes ces pensées pour des vérités alors qu'elles ne sont que le fruit de notre esprit et du contexte dans lequel nous vivons : ce qui se passe autour de nous, ce que les autres font ou disent. Ces pensées nous emprisonnent et nous empêchent d'avancer, d'opérer des changements.

Concernant le tabac, les croyances limitantes sont légion :

« Je ne pourrai pas passer une bonne soirée sans cigarette. »

« Fumer, c'est être cool. »

« Que la vie va être triste sans cigarette, que je vais m'ennuyer… »

« Fumer m'aide à mieux faire face au stress de la vie. »

« Fumer fait partie de mon identité, de ma culture. »

Elles sont le fruit de notre éducation (quel modèle avons-nous eu à la maison ?), de ce que nous avons vu autour de nous (à l'école, dans les films…) et de nos propres conditionnements (à force de fumer lorsque l'on est stressé, on finit par se persuader que la cigarette est un outil indispensable en cas de problème).

Ces pensées surgissent de façon automatique et vous poussent à fumer sans que vous y pensiez.

Témoignage de Marylène *aka* @psyko_ol sur Instagram

Physiquement, j'ai trouvé ça relativement aisé de contrôler les effets de la dépendance : un peu de sport, beaucoup de thé... En revanche, d'un point de vue comportemental et psychologique, il m'a fallu énormément de travail pour démonter une par une toutes mes croyances, à savoir : que je ne pouvais pas passer une bonne soirée sans cigarette, que les personnes qui ne fumaient pas étaient rabat-joie, que les cigarettes « signaient » forcément les bons moments, qu'une socialisation libérée se faisait forcément sous un nuage de fumée, qu'un moment de stress devait forcément être associé à une cigarette, que j'allais prendre 15 kilos en arrêtant et que, globalement, j'allais m'ennuyer sans cigarette.

Une fois ces croyances identifiées, il a fallu trouver des réponses individuelles, des ressources et des astuces pour littéralement me déprogrammer de ce qui était plus qu'une mauvaise habitude. Déminer la représentation que j'avais de la cigarette, à savoir qu'elle me permettait de conserver une certaine forme d'insouciance et de désinvolture. En arrêtant, j'ai certes perdu en insouciance (somme toute factice), mais j'ai surtout gagné en capacité de motivation. Une motivation qui a rejailli dans d'autres sphères de ma vie.

Il ne faut pas sous-estimer notre plasticité cérébrale... faisons-lui confiance !

Aujourd'hui, nous allons repartir du travail que vous avez réalisé en jours 12 et 13 pour identifier ces pensées automatiques. Ensuite je vous proposerai une technique, utilisée lors de thérapies cognitives, qui vous aidera à les dépasser.

Il se peut que vos croyances soient très fortes, très ancrées, et que vous n'arriviez pas à vous en défaire seul. Dans ce cas, je vous invite à faire appel à un expert en TCC. Son aide vous sera précieuse.

Les thérapies cognitives et comportementales

Le TCCiste, expert en TCC, est un psychologue ou un psychiatre. Lors d'une thérapie brève (qui peut aller de quelques semaines à quelques mois), il vous aidera à vous défaire de vos « mauvaises habitudes ». Il vous fera faire des exercices, vous mettra en situation et vous accompagnera dans le détricotage de vos pensées automatiques. En plus de vous aider à dépasser vos croyances, il pourra également vous aider à vous défaire plus vite de vos cigarettes Pavlov. Une aide qui peut s'avérer bien utile, donc ! Pour trouver un praticien près de chez vous, vous pouvez vous rendre sur le site de l'Association Française de Thérapie Comportementale et Cognitive (AFTCC) : https://www.aftcc.org/

MISE À JOUR DE MES CROYANCES

Les réflexions que je vous ai demandé d'avoir ont sans doute fait émerger des croyances que vous avez à propos de la cigarette. Des croyances qui vous freinent dans votre processus d'arrêt.

Pour le savoir, reprenez vos tableaux des jours 12 et 13. Rappelez-vous, je vous avais demandé de dénicher vos cigarettes positives (récompenses, conviviales, détentes, bonnes nouvelles, etc.) et négatives (réconfortantes, bulles, apaisantes, compagnons, stimulantes, etc.). Je vous avais même demandé de noter dans un tableau les événements et émotions associés et de noter sur 10 ce que la cigarette vous apportait dans ces situations.

Cette première étape était primordiale car, comme je vous le disais, il y a fort à parier que le simple fait de réfléchir au sujet ait commencé à vous faire bouger. L'avez-vous constaté ?

Pour trouver les croyances qui se cachent derrière ces cigarettes, vous allez commencer par traquer les pensées automatiques (ce qui vous passe par la tête au moment où l'envie de cigarette psychologique apparaît). Ensuite, vous verrez comment les modifier puis, enfin, vous chercherez des parades à la cigarette.

Étape n° 1 : faire émerger les pensées automatiques

La prochaine fois qu'une envie de cigarette positive ou négative arrivera, scannez-vous ! Que se passe-t-il dans votre tête à cet instant précis, quelle pensée surgit ?

Voilà un exemple qui pourra vous aider :

SITUATION	ÉMOTION	PENSÉE AUTOMATIQUE
Décrivez : où, quand, comment, avec qui	Nature	Décrivez
	Intensité (0-100)	% de croyance
Ex. : Les enfants sont en train de se disputer dans le salon, ils hurlent, ils pleurent.	Énervement 80/100	*« Mais, est-ce qu'ils vont se taire ! Je vais sortir fumer une cigarette, ça va me détendre. »* → La cigarette est ma soupape de sécurité. → % de croyance : 95 %
Ex. : On est vendredi soir et je dîne chez mon meilleur ami. Je suis sur son canapé en train de boire l'apéritif.	Plénitude 90/100	*« Elle n'est pas belle la vie ? Une petite cigarette et ce sera le paradis ! »* → La cigarette me rend plus heureux. → % de croyance : 70 %

J'ARRÊTE ENFIN DE FUMER

C'est à vous !

Cherchez vos pensées automatiques en toute sincérité, sans vous brider.

Pour cela, vous pouvez repartir des cigarettes que vous avez citées en jours 12 et 13 et vous replonger dans une situation précise en lien avec chacune d'elles (ou attendre qu'elles se représentent).

SITUATION	ÉMOTION	PENSÉE AUTOMATIQUE
Décrivez : où, quand, comment, avec qui	Nature	Décrivez
	Intensité (0-100)	% de croyance

N'hésitez pas à vous servir de votre carnet pour faire cet exercice car il concerne peut-être beaucoup de situations !

Maintenant que ces pensées sont écrites noir sur blanc, posez-vous quelques instants : réfléchissez et analysez chacune d'elles.

Étape n° 2 : modifier mes pensées automatiques

Profitons du fait que vous soyez à tête reposée pour analyser ces situations à froid. Reprenez chacune d'elles et essayez de changer de point de vue. Ensuite, réévaluez ce que la cigarette vous apporte dans ces différents cas. Vous allez être surpris du résultat ! Voici un exemple pour vous aider.

SITUATIONS	ÉMOTIONS	PENSÉE AUTOMATIQUE	PENSÉE AUTOMATIQUE MODIFIÉE	RÉEVALUATION
Décrivez : où, quand, comment, avec qui	Nature	Décrivez	Décrivez	Émotion
	Intensité (0-100)	% de croyance		Émotion et % de croyance revus
Mes enfants qui hurlent.	Énervement 80/100	La cigarette est ma soupape de sécurité (95 %)	Ils ont passé une dure journée, moi aussi. Moralité : on est tous à fleur de peau. Si j'étais plus zen, je réagirais sans doute mieux. Sans compter que ma cigarette ne va rien régler, ils seront encore en train de hurler quand je rentrerai...	Moins énervé 40/100
Le BBQ chez mon meilleur ami.	Plénitude 80/100	La cigarette me rend plus heureux (70 %)	Ce qui fait que je suis bien, c'est la compagnie de mon meilleur ami, le beau temps, la bonne odeur de BBQ . Mon ami ne fume pas et pourtant il a l'air aussi heureux que moi de vivre ce moment. Cherchez l'erreur !	Plénitude toujours et excitation aussi : « *Je pourrai peut-être être beaucoup plus libre que ce que je pensais être jusqu'à présent.* » 90/100

Ce qui est intéressant dans ce travail, c'est que vous démontiez vos idées reçues et que vous analysiez sincèrement ce que vous apporte la cigarette dans ces moments. Dans le cas de la cigarette qui vous occupe les mains et de votre crainte d'avoir l'air bête sans elle, regardez autour de vous les personnes qui ne fument pas, les adultes mais aussi les enfants. Ont-ils l'air ridicule ? Ont-ils l'air embarrassés par leurs mains vides ? Pourquoi serait-ce votre cas ?

C'est à vous !

SITUATIONS	ÉMOTIONS	PENSÉE AUTOMATIQUE	PENSÉE AUTOMATIQUE MODIFIÉE	RÉEVALUATION
Décrivez : où, quand, comment, avec qui	Nature	Décrivez	Décrivez	Émotion
	Intensité (0-100)	% de croyance		% de croyance revu

Étape n° 3 : trouver une parade

Maintenant que vous êtes entré dans vos pensées automatiques, voyez comment les dégoupiller en trouvant des alternatives à la cigarette !

SITUATIONS	ÉMOTIONS	PENSÉE AUTOMATIQUE	PENSÉE AUTOMATIQUE MODIFIÉE	RÉ-EVALUATION	MON ACTION
Décrivez : où, quand, comment, avec qui	Nature	Décrivez	Décrivez	Émotion	Décrivez
	Intensité (0-100)	% de croyance		% de croyance revu	
Mes enfants qui hurlent.	Énerve-ment 80/100	La cigarette est ma soupape de sécurité.	La cigarette ne m'aide pas à régler la situation, juste à la fuir.	Moins énervé 40/100	Je vais me mettre à la méditation en pleine conscience.
Le BBQ chez mon meilleur ami.	Plénitude 80/100	La cigarette me rend plus heureux.	La cigarette doit rester à sa place, c'est juste un petit plaisir et elle n'est pas indispensable à mon bonheur.	Plénitude et plus serein 90/100	Je vais acheter le spray qui m'aidera à surmonter les envies sans fumer.

C'est à vous !

SITUATIONS	ÉMOTIONS	PENSÉE AUTOMATIQUE	PENSÉE AUTOMATIQUE MODIFIÉE	RÉEVALUATION	MON ACTION
Décrivez : où, quand, comment, avec qui	Nature	Décrivez	Décrivez	Émotion	Décrivez
	Intensité (0-100)	% de croyance		% de croyance revu	

* * *

Ce travail n'est pas très compliqué pour peu qu'on prenne le temps de le faire et qu'on s'y attelle sincèrement. C'est lui qui fera taire votre petite voix tentatrice intérieure !

Si vous ajoutez à cela la mise en pratique de méthodes antistress que nous allons voir maintenant, alors vous serez un roc et toutes les chances de réussir votre arrêt du tabac seront de votre côté !

J'ARRÊTE ENFIN DE FUMER

JOUR 20

J'apprends à gagner en sérénité pour mieux appréhender les moments difficiles

Le stress est le mal du siècle, lit-on partout. Il faut avouer que, à force de voir tout le monde surjouer sa vie sur les réseaux sociaux, on s'imagine que nous aussi, nous nous devons d'être super-performants dans tous les domaines : avoir une belle carrière qui évolue vite, être des super parents à l'écoute, pédagogues et bienveillants, mais savoir aussi se préserver en veillant à avoir une bonne hygiène de vie, en cuisinant de bons (et beaux !) petits plats *healthy* et en faisant du sport, bien entendu, au moins trois heures par semaine. N'en jetez plus, ça y est je sens ma gorge se serrer ! Parce que, personnellement, mes journées ne font que vingt-quatre heures (je ne sais pas pour vous ?). Et je vous rassure, je subis comme tout le monde cette pression de devoir être au top, du lever jusqu'au coucher. Mais la vérité, c'est que je fais comme je peux et j'ai appris à m'en contenter.

J'ai la chance d'évoluer professionnellement au milieu de personnes qui sont très sensibles à la qualité de vie et qui sont, pour la plupart d'entre elles, des expertes dans des techniques qui visent à améliorer notre bien-être. Ces pratiques sont parfois connues, parfois moins, et sont toutes sources de sérénité, améliorant ainsi notre état émotionnel et donc notre bien-être. Je vais vous les présenter aujourd'hui.

Mon objectif, ici, est double :

1. Vous permettre de prendre de la hauteur par rapport aux événements qui, d'habitude, vous tendent, et donc d'être moins stressé en général (ce qui réduira mécaniquement les occasions de fumer pour vous apaiser).
2. Enrichir la palette d'outils mis à la disposition de votre cerveau pour vous calmer de sorte que, en cas de gros stress, vous ne vous tourniez plus vers la cigarette mais vers la ou les technique(s) que vous aurez choisie(s). Parce que, oui, les quatre méthodes que je vais vous présenter peuvent être combinées à l'envi !

PREMIÈRE PISTE : LA COHÉRENCE CARDIAQUE

La cohérence cardiaque est une technique de respiration utilisée par les personnes exerçant un métier qui leur demande un grand *self-control*, des professionnels qui ne peuvent pas se permettre de perdre leurs moyens comme les pilotes de l'air ou les pompiers. Mais comment agir sur son *self-control* ? Le premier marqueur du stress est le cœur qui s'emballe et qui bat de façon anarchique (rythme irrégulier et pulsations plus fortes). Plus on est stressé, plus le cœur s'emballe, plus notre stress augmente : c'est une spirale infernale ! À l'inverse, si l'on réussit à réguler son rythme cardiaque, même lors de situations stressantes, alors on va empêcher l'emballement du cœur et l'enclenchement du cercle vicieux cité à l'instant. C'est ce que permet la cohérence cardiaque. Grâce à cette technique très simple, les battements de votre cœur seront beaucoup plus stables et ce, quel que soit le contexte extérieur. Moralité : vous réagirez moins au stress extérieur, vous serez plus zen et aurez donc moins d'occasions de fumer des cigarettes soi-disant déstressantes. Cerise sur le gâteau, cette technique boosterait notre système immunitaire. Idéal donc pendant l'arrêt du tabac !

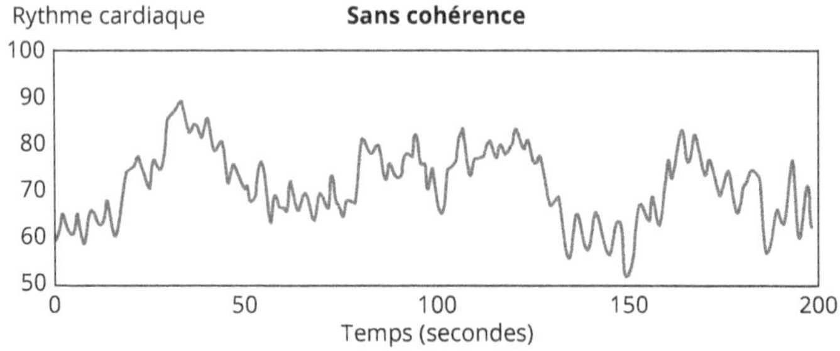

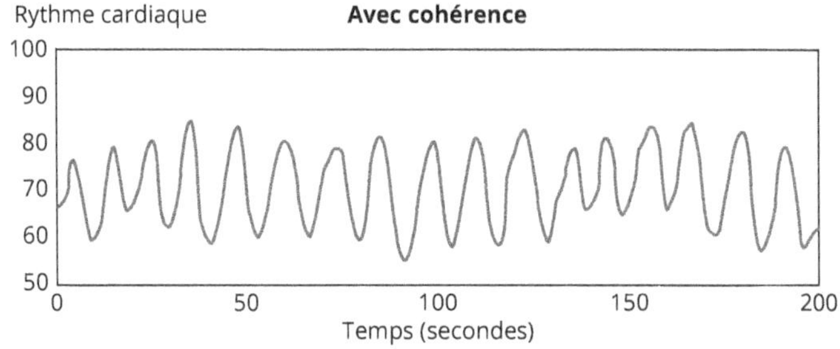

La cohérence cardiaque a plusieurs avantages :

- **Les sessions sont très courtes** (chaque session dure 5 minutes et il faut faire l'exercice 3 fois par jour). Vous pourrez donc les caler très facilement dans votre journée. En plus de vous faire du bien, elles auront le mérite de casser votre routine « pause cigarette ». Au lieu de sortir fumer une cigarette, vous pourrez sortir faire une session de cohérence cardiaque, ce qui accélérera le processus de déconditionnement de certaines cigarettes Pavlov. C'est une super stratégie de substitution en somme !
- **Les premiers effets positifs s'observent très rapidement** : dès la deuxième semaine !

Pour pratiquer la cohérence cardiaque, installez-vous confortablement dans un endroit calme. Enchaînez une inspiration de 5 secondes et une expiration de 5 secondes, et continuez ainsi pendant 5 minutes. Vous pouvez vous exercer seul mais vous pouvez aussi choisir de vous faire accompagner par une application comme RespiRelax.

DEUXIÈME PISTE : LE YOGA

Je vous ai déjà parlé du yoga en jour 17 et notamment des exercices de respiration qui vous permettent d'aider votre corps à éliminer les toxines. Mais cette discipline offre encore plus de bienfaits que la simple détox. Ce n'est pas pour rien qu'elle est pratiquée depuis des millénaires en Inde et qu'elle fait partie du patrimoine immatériel de l'humanité !

Le yoga a un impact direct sur notre corps mais aussi sur notre mental. Pour bien le pratiquer et bénéficier de tous ses bienfaits, il ne faut pas le voir comme une discipline sportive mais comme une bulle. Une bulle que l'on s'offre pour se reconnecter à soi et améliorer son bien-être. Rien ne sert donc de courir après les postures ou de vous prendre pour un grand gymnaste ! Cherchez en priorité à faire le mouvement parfait, à poser votre respiration comme il se doit et à lâcher-prise.

Ses bienfaits sur multiples :

- **Sur notre corps d'abord** : il améliore les capacités pulmonaires donc, mais il améliore également l'état cardio-vasculaire général en réduisant la pression artérielle et en réduisant le taux de sucre dans le sang.
- **Sur notre mental ensuite** : il améliore les capacités cérébrales (la mémoire et l'attention), réduit le stress et l'anxiété, et déloge les tensions émotionnelles.

La variante la plus intéressante dans le cadre de l'arrêt du tabac est le **yoga Hatha**. Ses postures (*asana*) s'enchaînent lentement, permettant ainsi une profonde détente. Vous connaissez peut-être déjà des postures comme celles de l'arbre, de l'enfant, du chien tête en bas, du chameau et du poisson.

Vous n'avez peut-être pas l'envie ni les moyens d'assister à des cours qui peuvent parfois revenir cher, alors n'hésitez pas à vous tourner vers les applications. Certaines d'entre elles sont aujourd'hui des références : Daily Yoga, Down Dog, Yoga Gotta

Joga, Keep Yoga, Track Yoga, Asana Rebel… N'hésitez pas non plus, si vous êtes salarié, à demander à votre entreprise de faire venir un professeur chaque semaine dans vos locaux. C'est une pratique de plus en plus courante qui a le mérite de joindre l'utile à l'agréable !

Le **yoga Nidra** peut aussi avoir un grand intérêt pour ceux qui dorment mal car une séance de 30 minutes équivaut à un cycle de sommeil de 2 heures ! Cette variante s'apparente plus à la méditation pleine conscience que nous allons voir juste après.

Vous l'aurez compris, l'intérêt du yoga est de vous permettre d'être mieux dans votre corps et dans votre tête et donc de moins réagir aux tensions et stress ambiants… et par conséquent de limiter les envies ou les réflexes de cigarettes doudou !

TROISIÈME PISTE : LA MÉDITATION EN PLEINE CONSCIENCE

Aussi appelée *mindfullness*, la méditation en pleine conscience n'a rien de spirituel. Son principe : apprendre à être à 100 % dans l'instant présent, car ici et maintenant tout va bien ! Les ennuis commencent lorsque l'on rumine le passé ou que l'on se projette dans le futur. Je dis « apprendre », car au début ça ne sera pas forcément facile ! Notre esprit est constamment perturbé par nos pensées et nos sensations. Avec la méditation, vous apprendrez à les regarder passer tels des nuages, sans vous y accrocher et sans les juger. **Vous verrez que, très rapidement, vous sur-réagirez moins aux tensions extérieures et intérieures.** Concrètement, cela veut dire que vous ressentirez moins de douleurs (si vous souffrez de douleurs chroniques), que vous serez moins impulsif, vous aurez moins de compulsions, vous serez moins anxieux… bref, vous vous sentirez mieux !

Cette pratique vous sera d'autant plus bénéfique pendant votre arrêt du tabac car, en vous entraînant à être dans l'instant présent :

1. **vous apprendrez à plus/mieux écouter votre corps.** Cela vous permettra de sentir les tensions arriver bien plus tôt (au

moins 5 secondes plus tôt). Vous identifierez des signes que vous n'entendiez pas du tout auparavant : une gorge qui se serre, une compression au niveau de la cage thoracique, une boule dans le ventre, les mâchoires qui se serrent. Ces signes annonciateurs d'une turbulence émotionnelle imminente vous permettront de prendre de la hauteur et de désamorcer la « crise » autrement qu'en allant fumer une cigarette par réflexe ;

2. **en cas de gros coup dur, vous saurez revenir dans votre bulle « instant présent » en un claquement de doigts,** et donc vous apaiser, relâcher la pression, aérer votre esprit pour trouver la bonne solution plus facilement.

Au-delà de ces bienfaits sur l'esprit, la méditation a également de nombreux effets positifs reconnus scientifiquement : sur la santé cardio-vasculaire, sur l'immunité, sur la concentration, sur la dépression.

Comme pour le yoga, vous pouvez décider de vous initier et de pratiquer la méditation en pleine conscience depuis chez vous. Au début, je vous conseille d'être guidé, cela vous permettra de ressentir les bienfaits de la pratique plus rapidement. Pour cela, il existe des applications : Petit Bambou, Mind, Headspace…

QUATRIÈME PISTE : LA RÉGULATION ÉMOTIONNELLE

Le principe de la régulation émotionnelle est passionnant. Quand nous ressentons une émotion négative, notre premier réflexe est de vouloir la chasser le plus rapidement possible. Comme si elle était une grenade prête à exploser. Nous le faisons tous. En cas de grosse tension, nous nous mettons à crier ou nous pleurons (pour expulser la tension), nous nous refermons sur nous-mêmes (pour se cacher face au danger) ou bien nous tentons des techniques pour l'apaiser (nous respirons, nous fermons les yeux…).

Luc Nicon, un chercheur, s'intéressait aux personnes qui étaient en blocages : blocages d'apprentissage mais aussi blocages liés aux phobies. Il s'est rendu compte que **se réfugier à l'intérieur de son émotion, en se connectant aux ressentis physiques au moment où l'émotion était vive, et en les laissant évoluer à leur gré sans aucune action de notre part, la faisait s'évaporer comme par magie au bout de quelques minutes, voire quelques secondes.**

Alors, comment faire ? Pour réguler votre émotion, attendez une prochaine tension. Au moment où celle-ci se présentera, isolez-vous, fermez les yeux et concentrez-vous sur vos sensations physiques. Que se passe-t-il dans votre gorge, dans votre ventre, au niveau de votre plexus, de vos mâchoires ? Vous pouvez vous aider en plaçant vos mains là où l'émotion gronde. Assumez ses sensations, accueillez-les, faites-leur face. Vous allez voir qu'elles vont bouger, d'une zone à l'autre, assez rapidement, puis disparaître. En cas de schéma récurrent (ambiance très tendue au travail ou à la maison, par exemple), il y a fort à parier que vous ne réagirez plus de la même façon la prochaine fois que la situation se reproduira.

L'intérêt de cette méthode, au-delà de vous apporter du bien-être dans votre vie en général, vous aidera beaucoup pendant votre arrêt du tabac. D'abord, parce que pendant que vous serez concentré à affronter votre émotion, vous ne fumerez pas ! Mais aussi parce que, à chaque temps de pratique, vous éloignerez un peu plus les réflexes de cigarettes doudou.

Pour aller plus loin : La révolution TIPI : régulez vos émotions, dépassez vos blocages. Technique d'identification sensorielle des peurs inconscientes (tipi)*, aux éditions Leduc pratique.*

***

Vous le voyez, les quatre méthodes que je vous ai présentées ici sont toutes différentes mais toutes très faciles à pratiquer. N'hésitez pas à les tester et à les combiner !

JOUR 21

Je finalise mon plan d'attaque et j'applique ces derniers conseils pour être fin prêt

Nous y voilà ! Nous sommes au dernier jour de votre préparation à l'arrêt du tabac ! Si vous avez bien suivi toutes les étapes de ce livre, vous avez dû comprendre qu'arrêter de fumer définitivement ne se fait pas en un claquement de doigt et qu'au contraire, cela demande de l'implication personnelle. L'objectif de ces exercices était d'augmenter votre envie d'arrêter de fumer, de vous faire gagner en confiance en vous et de vous donner toutes les clés pour que vous vous lanciez sereinement. J'espère que ce but est atteint et que vous êtes excité à l'idée de passer de l'autre côté du miroir ! Pour m'en assurer et pour vous donner encore plus envie de vous envoler vers la liberté pour de bon, voilà mes quatre dernières « astuces motivation » : le meilleur pour la fin !

Témoignage de Lizzie

Arrêter de fumer n'est pas une mince affaire. Il faut se préparer à l'avance et travailler sur l'idée que la dépendance – quelle qu'elle soit – est une entrave à notre liberté d'humain. Notre condition est déjà lourde à porter, alors pourquoi l'alourdir en se rendant comme une droguée au bureau de tabac chaque jour à la même heure ? J'ai tellement ragé d'être une fumeuse, tellement eu peur devant mes cendriers remplis de mégots...

mais j'ai tellement aimé fumer. Cela étant dit, un beau matin – après des mois à faire tourner mes bonnes résolutions dans ma tête –, j'ai décidé de ne plus me rendre au tabac du coin ou de ne plus mendier une cigarette quand mon paquet se serait vidé trop vite. Et aujourd'hui, quelle fierté ! La fierté de vivre sans tabac, de vivre mieux, de voir mes cheveux, ma peau, mes dents, ma voix en meilleur état ! Et surtout, surtout, quelle joie au plus profond de mon cœur de me dire que j'ai allongé mon espérance de vie en bonne santé pour voir mes enfants mûrir et mes petits-enfants grandir !

1. J'ÉCRIS NOIR SUR BLANC MON PLAN D'ATTAQUE PERSONNALISÉ

Nous avons fait le tour dans le chapitre précédent de toutes les méthodes et coups de pouce qui pourraient vous aider. Reste maintenant à savoir celles et ceux qui vous correspondent et vous attirent.

Pour ce faire, commencez par repartir de votre diamant : c'est lui qui vous permettra de valider que vous n'avez laissé aucune cigarette sur le carreau et que vous bordez bien tous les aspects de votre dépendance (voir jour 14). Ensuite, regardez le tableau ci-dessous et entourez les méthodes qui vous correspondent ou qui vous plaisent. Vous pouvez aussi les lier à vos différentes cigarettes (par exemple : cigarette détente → sport).

MES CIGARETTES	LES MÉTHODES/TECHNIQUES DISPONIBLES
Cigarette besoin	Substituts nicotiniques (patchs)
Cigarette pop-up	Liste des distractions possibles

MES CIGARETTES	LES MÉTHODES/TECHNIQUES DISPONIBLES
Cigarettes Pavlov	Formes orales de nicotine (gommes, pastilles, spray, inhaleur)
Cigarette café	Sport : ....
Cigarette téléphone	Alimentation : ....
....	Plantes : ....
....	Hydrologie : ....
....	Réfléxologie : ....
....	....
Cigarettes psychologiques	Substitution / Évitement / Changement (précisez) : ....
Cigarette récompense	Thérapie Cognitivo-comportementale : ....
Cigarette détente	Hypnose : ....
Cigarette convivialité	Gestion des émotions : yoga, méditation en pleine conscience, régulation émotionnelle, cohérence cardiaque, ...
Cigarette bonne nouvelle	....
Cigarette stimulante	....
Cigarette réconfortante	....
Cigarette bulle	....
Cigarette apaisante	....
Cigarette compagnon	....
....	....
....	....
....	....
....	....
....	....

Il n'y a plus qu'à ! Enfin... peut-être avez-vous encore un petit pincement au cœur à l'idée de faire le grand saut ? Après la lecture de ce livre et tout le travail fourni, j'ai du mal à le croire mais... qui sait ?! Alors, voici mes derniers conseils !

2. JE METS K.O MES DERNIÈRES BONNES RAISONS DE CONTINUER DE FUMER

Est-ce que la petite voix de la procrastination vous murmure encore à l'oreille que continuer de fumer serait plus simple et vous demanderait moins d'efforts que d'arrêter ? Dans ce cas, je vous suggère un petit programme TV dont vous me direz des nouvelles ! Je vous garantis qu'il vous dégoûtera une bonne fois pour toutes de la cigarette et qu'une fois que vous aurez regardé tout ça, vous serez encore plus impatient d'être à demain matin ! J'intègre également dans cette liste quelques lectures motivantes.

Voici mes recommandations :

- Le film ***Révélations*** de Michael Mann sur le lanceur d'alerte Jeffrey Wigand, Directeur R&D de Brown & Williamson, pour comprendre les réelles intentions de l'industrie du tabac.
- ***Thank you for smoking***, pour prendre conscience du cynisme de l'industrie du tabac.
- Le documentaire ***Tabac, la conspiration*** de Nadia Collot, pour s'immerger dans la réalité du tabac et voir le vrai visage de cette industrie. Le lien : https://www.dailymotion.com/video/xpfi14
- Le reportage ***Complément d'enquête : Tabac les mensonges d'une industrie*** pour rencontrer Robert Proctor (l'auteur de *Golden Holocaust*, un livre que j'affectionne particulièrement) et Will Farone (l'ex-directeur de la R&D de Philip Morris). Le lien : https://www.youtube.com/watch?v=gxjyRT8ODwA
- L'émission ***Cash Investigation*** sur l'industrie du tabac, pour prendre conscience de l'action du lobby cigarettier en France (si ce thème vous intéresse, je vous invite également à lire le livre magnifiquement documenté de Marc Lomazzi : *Comment*

la mafia du tabac nous manipule). Le lien : https://www.france.tv/france-2/cash-investigation/684621-industrie-du-tabac-la-grande-manipulation.html
- La BD ***Cigarettes, le dossier sans filtre*** de Pierre Boisserie et Stéphane Brangier (aux éditions Dargaud) qui se sert de l'humour pour dévoiler de façon très juste les actions de l'industrie du tabac.

Ça y est, vous les avez visionnés/lus ? Je suis sûre que vous êtes (un peu plus) remonté maintenant. Parfait, c'est ce que je voulais ! Continuons.

3. JE REFAIS LE POINT SUR TOUTES LES CHOSES BIEN QUI VONT M'ARRIVER

Si vous avez bien suivi toutes les étapes de ce livre et mes différents conseils, alors la liste des effets positifs de votre arrêt du tabac sera incroyablement longue !

D'abord, vous allez être de meilleure humeur, vous serez plus calme et plus zen.

Et il y a de quoi ! Déjà parce que avec la prise de nicotine de substitution, vous n'aurez plus ces variations de taux de neurotransmetteurs au niveau de votre cerveau. Fini les montagnes russes, à vous la vitesse de croisière. Mais vous serez aussi plus serein parce que vous ne culpabiliserez plus ! À partir de demain, le processus va s'inverser : vous n'allez plus perdre des années de vie, vous allez les récupérer, une à une, méthodiquement. Ça a de quoi vous soulager, n'est-ce pas ?

Les effets positifs de l'arrêt du tabac sur votre corps, au bout de…

20 minutes : la pression sanguine et les battements du cœur reviennent à la normale. Enfin un peu de répit pour votre corps.
24 heures : il n'y a plus de monoxyde de carbone dans votre corps donc l'oxygénation redevient normale. Bye bye fatigue !
48 heures : le goût et l'odorat commencent (déjà !) à revenir. Que de bons petits plats vous allez pouvoir vous concocter !
72 heures : la respiration devient plus facile (Toutefois, vos poumons vont se nettoyer pendant trois mois, donc pour évacuer vous risquez de tousser davantage. Pas de stress, c'est normal).
2 semaines : le risque de faire une maladie cardio-vasculaire commence à diminuer.
3 mois : vous ne toussez plus, le ménage fait effet : vous commencez vraiment à ressentir un regain d'énergie.
1 an : le risque de faire un infarctus est diminué de moitié.
5 ans : le risque de faire un AVC redevient celui d'un non-fumeur.
10 ans : le risque de faire un cancer du poumon est diminué de moitié, le risque de développer d'autres cancers diminue également (cancers ORL, urinaires…).
15 ans : entre dix et vingt ans après votre arrêt du tabac, vous retrouverez l'espérance de vie que vous auriez eue si vous n'aviez jamais fumé. Pourquoi dix ans d'écart ? Parce que moins on a fumé (en quantité) et plus on arrête tôt, plus vite on répare les dégâts. Mais ce qu'il faut noter, c'est que, quel que soit votre âge, arrêter de fumer sera bénéfique pour votre santé.

Et puis tout cet argent que vous allez économiser va aussi participer à une vie plus confortable. À raison de 10 euros par paquet, votre tirelire va très vite se remplir. Personnellement, je pense très sincèrement que l'argent ne fait pas le bonheur et qu'il faut plutôt apprendre à être heureux avec moins plutôt qu'en accumulant des objets. Pour autant, si vous vivez avec un mini-budget, cet argent vous permettra d'être plus serein. Il pourra aussi vous permettre de vous chouchouter en vous offrant de bons moments (sorties, voyages, massages…) qui, en créant de beaux souvenirs, vous feront du bien. Alors, si vous ne l'avez pas encore fait, je vous réinvite de tout cœur à faire la liste de vos envies !

Pour finir, il n'y a plus de doute aujourd'hui sur le fait que nos modes de vie et de consommation actuels nuisent à notre planète. En arrêtant de fumer vous cesserez de participer à la déforestation et à la pollution de l'air et des sols. Il y a fort à parier que cette bonne conscience écologique vous fera également du bien au moral.

Deuxième effet positif de l'arrêt, et non des moindres : vous allez gagner en confiance en vous !

Avoir confiance en soi, c'est croire en ses ressources internes. En réussissant votre arrêt du tabac, vous allez vous prouver que vous étiez capable de le faire. Vous aurez un sentiment de puissance, un feu intérieur qui vous donnera des ailes. **On dit qu'à l'impossible nul n'est tenu, alors quand on réussit à faire quelque chose qui nous semblait impossible, croyez-moi sur parole, on se sent le maître du monde !** À tel point que, pour de nombreux fumeurs, l'arrêt du tabac est le premier projet d'une longue liste. Prenez mon cas, je ne pense pas que j'aurais imaginé un seul instant opérer tous ces changements dans ma vie si je n'avais pas réussi à arrêter de fumer. Le fait de casser les diktats inconscients culturels et familiaux m'a littéralement permis de briser mes chaînes. Après ce succès, le monde s'offrait à moi. Je suis certaine que ce sera la même chose pour vous.

C'est à vous !

Quels effets positifs j'attends avec le plus d'impatience :

....

....

....

....

....

....

4. JE NE ME METS PAS LA PRESSION ET JE ME DORLOTE

Rappelez-vous que, tout au long de votre arrêt du tabac, vous serez en train de gravir une montagne. Et pour arriver en haut, il faudra vous ménager, sous peine de craquer. Donc je vous le dis et vous le redis : **chouchoutez-vous !** Utilisez l'argent économisé pour vous offrir des petites bulles de bonheur (des massages, des week-ends, de super restaurants…). Vous devez être le centre de votre attention, alors allez-y à fond !

Gardez toujours en tête mon mantra : **préparation, patience et bienveillance.** Donc si jamais vous refumez une cigarette, ne vous flagellez pas, reprenez de plus belle et relisez tout ce que vous avez écrit dans votre carnet. Si vous prenez un peu trop de poids, restez calme et dites-vous que vous aurez toute votre vie pour perdre ces kilos. Bref, comportez-vous avec vous-même comme vous vous comporteriez avec votre meilleur(e) ami(e) et vous verrez que vous serez, à coup sûr, beaucoup moins dur avec vous.

* * *

Ça y est, oui oui, ça y est ! Vous êtes prêt : à vous la liberté !

Conclusion

C'est évident qu'amorcer un changement dans sa vie peut faire peur. Surtout quand il faut croire sur parole ceux qui sont de l'autre côté de la barrière et qui ont déjà sauté. *« Qui me dit que cet arrêt du tabac va me faire du bien ? Qui me dit que je n'étais pas l'exception à la règle et que cette cigarette ne me faisait aucun mal ? »* Moi, je vous le dis ! Je vous le dis en tant qu'ancienne fumeuse, mais je vous le dis aussi en tant que tabacologue qui rencontre plusieurs centaines de fumeurs chaque année : la cigarette abîme 100 % des fumeurs. Vous n'avez pas de point de comparaison puisqu'on ne vit qu'une vie ! Alors, laissez-moi vous faire comprendre ce qu'il en est en utilisant une dernière image : quand on fume, on est un peu comme un DVD. À le regarder, il fonctionne *a priori* normalement : il y a une image, du son. Un DVD, quoi ! Sauf qu'il pourrait être un BluRay et proposer une image bien plus belle avec un son haute définition. Le CD ne le sait pas mais il est à 50 % de ses capacités. Comme vous ! Votre cigarette vous procure une satisfaction relative (liée à un manque physique et à de fausses croyances) mais, en parallèle, vous encrasse en continu. Sans elle, vous seriez moins fatigué, plus frais, plus serein, plus heureux. Alors, allez-y, lancez-vous, délestez-vous et passez à la version augmentée de vous-même ! Et rassurez-vous, vous ne serez pas seul dans cette aventure : je serai là, tout comme les lecteurs du Déclic Anti Clope. Alors, je vous dis à demain (de l'autre côté du miroir ?) et d'ici là, je vous laisse avec le témoignage d'Aurélie.

Témoignage d'Aurélie (@aurelie_maa sur Instagram)

La vie est tellement plus belle sans cigarette. Oui, j'ai hésité longtemps à lui dire adieu. Je pensais que ce serait dur, impossible, que ça me manquerait. On nous dit tellement de choses à propos de l'arrêt du tabac qu'on imagine que ces cigarettes manqueront à notre vie. On nous dit aussi que la vie ne sera plus pareille sans cigarette. Avec du recul, j'ai compris que c'était vrai : la vie est mille fois mieux, mille fois plus belle ! C'est vraiment une illusion de croire que l'on ne peut pas arrêter et que toute notre vie on regrettera la cigarette ! Pas du tout. Foncez ! Au début, il faut du courage et accepter que ça ne sera pas facile, mais quelques mois après vous vivrez la satisfaction d'avoir vaincu cette addiction, et la liberté est à la clé !

EN BONUS
Comment désamorcer un conflit en douceur grâce à la communication non violente

Avez-vous déjà entendu parler de la communication non violente ? C'est une technique incroyable qui vous permet d'énoncer votre propos d'une façon telle que la personne en face de vous l'entendra et y adhérera. Aucune manipulation là-dedans, rassurez-vous. Il s'agit juste de dire les choses d'une certaine façon, et dans une chronologie précise, qui pourrait se résumer ainsi :

Quand tu me dis xxx (situation), je me sens xxx (ressenti), or, moi, j'ai besoin de xxx (besoin). Est-ce que tu peux/ je te propose que xxx (demande).

ÉTAPE Nº 1 : JE DÉCRIS LA SITUATION DE LA FAÇON LA PLUS FACTUELLE POSSIBLE

Les sentiments sont subjectifs mais les faits, eux, ne le sont pas. Lorsque l'on est contrarié ou en colère, nous avons tendance à commencer notre énoncé en exprimant notre agacement *(« J'en ai marre que... »)* ou en désignant un coupable *(« Tu m'énerves ! »)*. Or le corps est ainsi fait que sa première réaction en cas d'attaque sera la défense. Au mieux, la personne en face de vous s'en ira. Au pire, elle s'énervera à son tour et ce sera le début d'une dispute. C'est pour cela qu'en commençant votre énoncé par un résumé factuel de la situation, vous mettrez votre interlocuteur dans de bonnes dispositions pour vous écouter.

Dans votre cas les faits sont simples, cela donnerait :

« Quand tu me dis qu'il faut que j'arrête de fumer,
je me sens xxx (ressenti), or, moi, j'ai besoin de xxx (besoin).
Est-ce que tu peux/je te propose que xxx (demande). »

ÉTAPE N° 3 : J'ÉNONCE MON BESOIN

Vous avez bien lu, nous avons sauté l'étape 2 ! Et ce n'est pas une erreur de ma part.

Pour trouver les sentiments que cette demande répétée fait émerger en nous, il faut d'abord identifier le ou les besoin(s) non assouvi(s) au(x)quel(s) ils répondent. Il existe de multiples besoins et pour ce qui concerne l'arrêt du tabac. Cela pourrait être :

- **Les besoins d'autonomie et de liberté :** vous ne voulez pas que l'on vous dicte ce que vous devez faire.
- **Les besoins d'harmonie et de paix :** ces demandes incessantes d'arrêter de fumer créent une tension dans votre maison mais, pas de chance, la pression vous fait fumer. C'est un cercle vicieux !
- **Les besoins de compréhension et d'empathie :** pour arrêter de fumer il ne suffit pas de le vouloir. Le tabac est une drogue. Vous vous dites que si votre proche avait conscience de cette réalité, il ne vous embêterait pas autant.
- **Le besoin de soutien et de confiance :** vous avez en tête cet arrêt, vous y travaillez. Vous aimeriez qu'on croie en vous plutôt que de vous culpabiliser.

« Quand tu me dis qu'il faut que j'arrête de fumer,
je me sens xxx (ressenti),
or, moi, j'ai besoin de soutien
Est-ce que tu peux/je te propose que xxx (demande). »

ÉTAPE Nº 2 : J'EXPRIME LES SENTIMENTS QUE CELA SUSCITE EN MOI

On pourrait penser qu'exprimer son ressenti est l'étape la plus simple, mais loin s'en faut.

Trouver le mot juste, celui qui exprimera fidèlement ce que l'on ressent, sans impliquer l'autre ou le heurter, est en fait très compliqué.

Par exemple, si vous dites : *« Quand tu me dis qu'il faut que j'arrête de fumer, je me sens attaquée »,* vous n'exprimez pas un sentiment, vous jugez. Vous jugez que votre proche est en train de vous attaquer et sa réponse sera à coup sûr la défense : *« Bien sûr que non, je ne t'attaque pas ! »*

Avec un sentiment, cela n'arriverait pas car il est, par définition, personnel et donc incritiquable. Vous ne pouvez pas contredire quelqu'un qui vous dit : *« Je suis en colère. »*

Pour savoir si le sentiment auquel vous pensez en est bien un, commencez votre phrase par **« je suis »** ou « **j'éprouve un sentiment de** » ou bien encore **« je suis d'humeur** » plutôt que par « je me sens ».

Voilà des exemples de sentiments en lien avec les besoins cités ci-dessus :

BESOINS	SENTIMENTS
Autonomie et liberté	Agacé, contrarié, énervé, en colère, méfiant
Soutien, compréhension, empathie	Chagriné, plein de rancœur, découragé, démoralisé, désemparé, malheureux, seul
Harmonie	Agité, angoissé, anxieux, crispé, fâché, épuisé
Confiance	Amer, blessé, déçu, déprimé, peiné, perplexe, pessimiste

« **Quand tu me dis qu'il faut que j'arrête de fumer,**
je me sens découragé,
or, moi, j'ai besoin de soutien
Est-ce que tu peux/je te propose que xxx (demande). »

ÉTAPE Nº 4 : JE PROPOSE UNE SOLUTION POUR Y PARVENIR

Vous venez d'exprimer très clairement et très sincèrement la situation à votre proche, bravo ! Maintenant, à vous de lui dire comment il peut vous aider. Vous pourriez lui demander de vous faire confiance, d'arrêter de vous parler de votre arrêt du tabac, de vous aider à travailler votre motivation ou tout simplement de vous montrer son amour.

« Quand tu me dis qu'il faut que j'arrête de fumer,
je me sens découragé, or, moi, j'ai besoin de soutien.
Est-ce que tu accepterais que je t'explique comment fonctionne le tabac sur le cerveau ?
Cela te permettra de mieux comprendre ce que je vis
et pourquoi je mets du temps à me lancer. »

Pour aller plus loin : Les mots sont des fenêtres (ou bien ce sont des murs), initiation à la Communication Non Violente *de Marshall B. Rosenberg aux éditions de la Découverte.*

La collection qui tient ses promesses !

J'ARRÊTE DE
CAROLINE S. GLEIZES
VIVRE DANS LE DÉSORDRE !
21 étapes
Éditions
EYROLLES

Collection dirigée par ANNE GHESQUIÈRE
J'ARRÊTE DE FINIR
LAURENCE ARPI
LE MOIS À DÉCOUVERT !
Préface d'OLIVIER SEBAN, l'auteur du best-seller Tout le monde mérite d'être riche
21 jours
Éditions
EYROLLES

Collection dirigée par ANNE GHESQUIÈRE
J'ARRÊTE DE
CÉLINE TADIOTTO
SUBIR MON PASSÉ
21 étapes
POUR CHANGER
EYROLLES

Collection dirigée par ANNE GHESQUIERE
J'ARRÊTE LE
SUPERFLU !
JOANNE TATHAM
21 jours
POUR CHANGER
EYROLLES

Collection dirigée par ANNE GRESQUIÈRE
J'ARRÊTE
DE M'ÉPUISER !
MARLÈNE SCHIAPPA
CÉDRIC BRUGUIÈRE
Comment prévenir le burn-out
21 jours
POUR CHANGER
EYROLLES

J'ARRÊTE DE...
OLIVIER CLERC
(ME) JUGER !
21 jours
POUR CHANGER
EYROLLES

Collection dirigée par ANNE GHESQUIÈRE
J'ARRÊTE DE
CLOTILDE POIVILLIERS
ME TROUVER NUL(LE) !
Retrouver confiance et estime de soi
21 jours
POUR CHANGER
EYROLLES

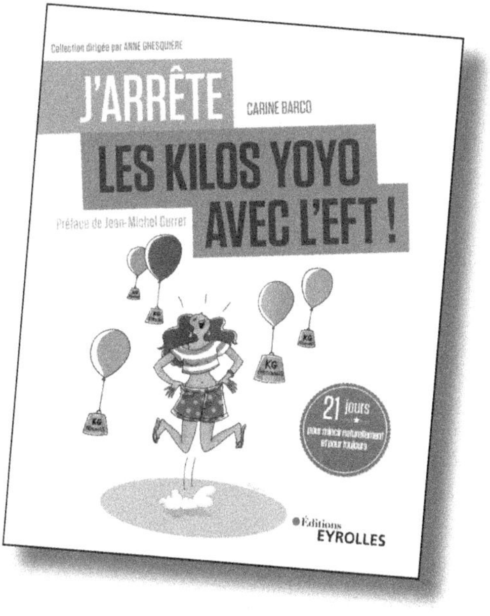
Collection dirigée par ANNE GHESQUIÈRE
J'ARRÊTE
CARINE BARCO
LES KILOS YOYO
AVEC L'EFT !
Préface de Jean-Michel Gurret
21 jours
Éditions
EYROLLES

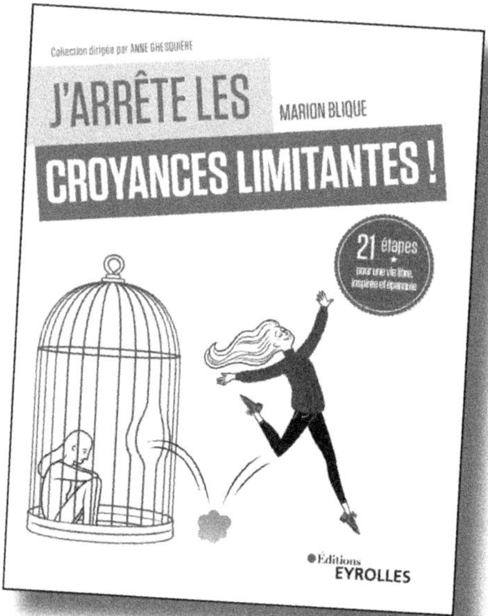
Collection dirigée par ANNE GHESQUIÈRE
J'ARRÊTE LES
MARION BLIQUE
CROYANCES LIMITANTES !
21 étapes
Éditions
EYROLLES

Collection dirigée par ANNE GHESQUIÈRE
J'ARRÊTE DE SURCONSOMMER !
MARIE LEFÈVRE
HERVELINE VERBEKEN
Préface de Cyril Dion
21 jours
POUR SAUVER LA PLANETE
Et mon compte en banque !
STOP À LA SURCONSOMMATION
EYROLLES

Collection dirigée par ANNE GHESQUIÈRE
J'ARRÊTE
CHRISTINE LEWICKI
EMMANUELLE NAVE
DE RÂLER
AU BOULOT !
Par l'auteur
J'ARRÊTE DE RÂLER !
300 000 EX
vendus
ESPACE
non
RÂLEUR
EYROLLES

Collection dirigée par ANNE GHESQUIÈRE
J'ARRÊTE
CINDY GHYS
D'ÊTRE PARFAITE !
21 jours
POUR LÂCHER PRISE
EYROLLES

Dépôt légal : octobre 2020
Imprimé en France par Laballery
N° impression : 010158
Cet ouvrage est imprimé sur un offset 90 g,
papier issu de forêts gérées durablement.